# 기후 위기와 인공지능

## 인공지능총서

인공지능 시대입니다. 기계가 인간의 인지를 대신하고, 사물이 인간을 통하지 않고 다른 사물과 직접 커뮤니케이션합니다. 이에 따른 인간 삶과 문명 변화를 정확히 이해·예측·대응하는 것은 이 시대 우리 모두의 과제입니다. 인공지능총서는 인공지능 기술과 환경의 여러 주제를 10가지 키워드로 정리합니다. 관련 개념과 이론, 학계와 산업계의 쟁점, 우리 일상의 변화를 다룹니다. 인간과 기술의 현재, 미래를 세심히 분석합니다.

## 일러두기

- 인명, 작품명, 저서명, 개념어 등은 한글과 함께 괄호 안에 해당 국가의 원어를 병기했습니다.
- 외래어 표기는 현행 어문규정의 외래어표기법을 따랐습니다.
- 법안명, 기관명, 법률안 조문, 기업명 등의 띄어쓰기와 용어는 해당 기관 및 기업에서 사용하는 표기를 따랐습니다.

처음이세요?

전문가세요?

# 기후 위기와 인공지능

이천환

대한민국, 서울, 커뮤니케이션북스, 2025

# 기후 위기와 인공지능

지은이 이천환
펴낸이 박영률

초판 1쇄 펴낸날 2025년 6월 25일

커뮤니케이션북스(주)
출판 등록 2007년 8월 17일 제313-2007-000166호
02880 서울시 성북구 성북로 5-11
전화(02) 7474 001, 팩스(02) 736 5047
commbooks@commbooks.com
www.commbooks.com



ISBN 979-11-430-0380-5 03500

책값은 뒤표지에 표시되어 있습니다.

# 차례

## 인류의 기술 발전과 기후 위기

인류 문명의 발전은 기술의 발명과 함께 진화해 왔다. 인간이 만들어 낸 기술은 인류의 문화와 사회를 고도로 발전시켰고, 사람들의 삶을 더욱 윤택하고 편리하게 만들어 주었다.

특히 현대 사회는 기술과 더불어 살아가는 사회라고 할 수 있다. 현대인은 대부분 아침에 눈을 뜨는 순간부터 밤에 잠자리에 들 때까지 거의 모든 시간 동안 인간이 만들어 낸 기술의 혜택을 누리며 살아간다. 시간을 알려 주는 시계와 알람, 온라인 세계와 우리를 연결해 주는 스마트폰과 컴퓨터, 먼 거리를 이동할 수 있게 해 주는 자동차와 비행기, 주택이나 건물에 설치된 전등과 수도관 등 주위를 조금만 둘러봐도 다양한 기술이 우리 삶을 둘러싸고 있음을 알 수 있다. 어쩌면 우리는 이미 이러한 기술 없이는 생활하기 어려운 존재가 되었고, 기업이나 국가와 같은 사회 집단도 현대 기술의 도움 없이 현재의 역할을 제대로 수행하기 어려운 시대가 되었다.

그렇다면, 이렇게 우리의 삶에 큰 영향을 미치고 있는

'기술'이란 과연 무엇일까? 국립국어원 표준국어대사전에 따르면, '기술'이라는 단어는 두 가지 의미를 포함하고 있다. 첫째 의미는 '과학 이론을 실제로 적용하여 사물을 인간 생활에 유용하도록 가공하는 수단'이고, 둘째 의미는 '사물을 잘 다룰 수 있는 방법이나 능력'으로 정의되어 있다. 또 국립국어원이 정의한 '기술'의 예시 내용을 보면, 첫째 의미는 건축 기술, 공업 기술, 무기 제조 기술 등을 예로 들고 있으며, 둘째 의미는 운전 기술, 사람을 다루는 기술 등을 예로 들고 있다(국립국어원, 2024). 이처럼 '기술'은 인간에게 유용한 수단이라는 의미와, 인간이 어떤 대상을 다루는 방법이나 능력이라는 의미로 구분할 수 있다. 그리고 우리 주변에서 삶에 영향을 주는 기술은 대부분 첫째 의미에 해당한다고 볼 수 있다.

기술의 첫째 의미에서 알 수 있듯이, 기술은 과학 이론을 실제로 적용하는 수단이며, 종종 '과학'이라는 단어와 함께 사용된다. 그렇다면 '과학'은 무엇인가? '과학'은 '보편적인 진리나 법칙의 발견을 목적으로 한 체계적인 지식'으로 정의된다(국립국어원, 2024). 이처럼 단어의 의미에 따라 살펴보면, '기술'은 '과학'이 가진 진리와 지식을 실제 생활에 유용하게 적용한 것이라고 이해할 수 있다.

그렇다면 과학 기반의 기술은 모두 인간 생활에 유용한가?

기술의 유용성은 지역, 시대, 개인 또는 사회의 가치관에 따라 다르게 평가될 수 있다. 누군가에게 유용한 기술이 다른 누군가에게는 유용하지 않거나, 해로운 것으로 여겨질 수도 있다(이덕환, 2004). 예를 들면, 과학의 발전으로 인류가 얻게 된 기술 중에는 원자폭탄 개발이나 생명 유전자 실험 같은 사례가 있다. 원자폭탄은 제2차 세계대전을 빠르게 종식한 수단이 되었지만, 동시에 대량 살상 무기로 악용될 위험성도 커졌다. 또 생명 유전자 실험 기술은 난치병 치료 방법을 개발하고 동식물 종자의 보전 및 번식에 기여했지만, 생명 윤리와 관련된 논란을 지속적으로 야기하고 있다.

이처럼 기술은 인류 문명의 발전을 이끄는 동시에, 인류에게 해로운 영향을 미칠 수 있는 양면적 특성을 지닌다.

## 산업화와 기후변화

인류는 1700년대 이후 산업화와 정보화를 거치며 기술을 비약적으로 발전시켜 왔다. '산업혁명'이라는 용어는 아널드 토인비(Arnold Toynbee)가 1884년에 처음 사용하였으며, 20세기 초부터 학술 용어로, 현재는 일반명사로 정착했다. 산업혁명은 대체로 1784년경 시작된 증기기관 중심의 첫 번째 산업혁명, 1870년경 시작된 전기 에너지 기반의 두 번째 산업혁명, 1969년경 시작된 컴퓨터와 인터넷 기술 중심의 세 번째 산업혁명, 그리고 2000년대 이후 데이터 융합과 초연결 사회를 이끈 네 번째 산업혁명으로 구분된다. 첫 번째와 두 번째 산업혁명은 산업화 시기에, 세 번째와 네 번째 산업혁명은 정보화 시기에 해당한다고 볼 수 있다(송성수, 2017; 김상훈, 2017).

이러한 산업혁명은 산업, 경제, 문명을 비약적으로 발전시켰지만, 기술 발전이 항상 긍정적 결과만을 가져온 것은 아니다. 원자폭탄 개발과 생명 유전자 실험처럼 부정적 영향을 초래하기도 했다. 대표적인 부정적 결과가 바로 지구온난화와 기후변화다.

'지구온난화'는 지구 평균 기온이 장기적으로 상승하는 현상을 의미하고, '기후변화'는 자연적인 변동 범위를 넘어 기후가 평균 상태로 회복되지 않고 변화하는 현상을 뜻한다(국립기상과학원, 2024). 기후변화에 관한 정부 간 협의체(IPCC)에 따르면, 지구온난화로 인해 폭염, 폭우, 가뭄, 열대저기압 같은 극한 기상 현상이 증가하고 있으며, 이는 인류에게 식량 안보 약화, 물 부족, 인명 피해 및 경제적 손실 등 다양한 직간접적 피해를 준다(IPCC, 2023a).

기후변화의 핵심 원인은 지구온난화이며, 이는 주로 인간 활동에서 비롯되었다. 기후변화에 관한 정부 간 협의체 분석에 따르면 1850년부터 1900년 사이와 비교해 2010년부터 2019년 사이 지구 평균 온도는 약 1.07도 상승했으며, 이는 대부분 인간이 배출한 온실가스 때문인 것으로 나타났다. 자연적 요인의 영향은 극히 제한적이었다(기상청, 2024).

온실가스는 대기 중에서 적외선 복사열을 흡수하거나 재방출하여 지구의 온도를 높이는 물질로, 이산화탄소와 메탄, 아산화질소, 수소불화탄소, 과불화탄소, 육불화황 등이 있다(국가법령정보센터, 2024; UNFCCC, 1998). 특히 산업화 시대 이전 약 1만 년 동안 일정하게 유지되던 이산화탄소 농도는 280ppm 수준이었지만, 산업화 이후 빠르게 증가하여 2020년에는 약 413.2ppm을 기록했다. 메탄과 아산화질소 농도도 과거 80만 년 중 가장 높은 수준을 보이고 있다(IPCC, 2023a; WMO, 2023).

화석연료 사용의 급격한 확대는 온실가스 농도 증가를 가져왔으며, 이는 지구온난화를 심화했다. 산업화 시기에는 기계화와 전력 생산을 위해 석탄과 같은 화석연료를 주요 에너지원으로 삼았고, 이에 따라 이산화탄소 배출이 급격히 증가했다.

국제사회는 산업화 시기를 기후변화가 본격화된 주요 전환점으로 본다. 유엔환경계획(UNEP)은 산업화 이전과 이후를 비교하여 기후변화를 평가했으며(UNEP, 2007), 유엔기후변화협약(UNFCCC)는 2015년 채택된 파리협정에서 산업화 이전 대비 지구 평균 기온 상승을 1.5도 이내로 제한하는 목표를 설정했다(UNFCCC, 2025a). 세계기상기구(WMO) 역시 산업화 이전을 기준으로 기후변화 진행 상황을 평가하고 있으며(WMO, 2024a), 기후변화에 관한 정부 간 협의체는 1750년경을 산업화 이전 시기로 간주해 지구 평균 표면 온도의 변화를 분석하고 있다(IPCC, 2014; IPCC, 2018).

## 지구 1.5℃의 경고

기후변화 대응과 관련된 유엔기후변화협약, 세계기상기구, 기후변화에 관한 정부 간 협의체 등의 국제기구에서는 지구온난화 및 지구 평균 기온 상승을 언급할 때, 일반적으로 '산업화 이전 대비 1.5℃ 상승'을 기준으로 함께 언급한다. 여기서 산업화 이전과 함께 언급되는 1.

5℃라는 수치는 어떤 기준일까? 왜 파리협정에서는 지구 평균 기온 상승을 산업화 이전보다 1.5℃ 이내로 제한하려고 했을까?

1.5℃ 기준의 의미를 이해하려면, 먼저 지구 온도를 어떻게 측정하는지를 살펴볼 필요가 있다. 유엔기후변화협약의 파리협정과 기후변화에 관한 정부 간 협의체 평가보고서 등 국제기구의 문서와 자료에서는 지구 온도를 표현하는 방식에 약간의 차이가 있다. 일부 자료에서는 '전 지구 평균 표면 온도(GMST)'를 기준으로 사용하고, 일부 다른 자료에서는 '전 지구 평균 표면 공기 온도(GSAT)'를 기준으로 사용한다.

기후변화에 관한 정부 간 협의체에 따르면, GMST는 육지의 온도와 해빙이 없는 해수면 온도(SST)를 평균하여 추정한 온도이며, GSAT는 육지와 해양 및 해빙 지역 표면 근처의 공기 온도 평균값으로 나타낸 온도다. GMST는 주로 고기후와 같은 과거 기후나 역사적 기온 자료, 또는 현재의 관측 데이터에 사용되고, GSAT는 기후 모델에 주로 활용된다. 장기적인 추세에서는 두 값 사이에 약간의 차이가 있을 수 있으나, 일반적으로 GMST와 GSAT 값의 차이는 변화율 기준으로 10% 이내이며 거의 비슷한 수준이다. 이에 따라 기후변화에 관한 정부

간 협의체는 '제6차 평가보고서(AR6)'에서 GMST와 GSAT를 통합한 개념인 '전 지구 표면 온도(GST)'라는 용어를 도입하여 사용하고 있다(IPCC, 2023b).

일반적으로 지구의 평균 기온은 일반적으로 오르기도 하고 내려가기도 하면서 계속 변화한다. 이러한 변화는 엘니뇨, 북극진동 등과 같은 자연적인 기후 현상에 의해 발생하며, 보통 몇 달에서 몇 년 단위로 불규칙하게 나타난다. 이러한 단기적 기온 변화를 '기후변동(Climate Variability)'이라고 부른다. 기후변동은 지구 평균 기온의 일시적 변화를 가져오지만, 전반적인 평균 상태를 벗어나지 않는 자연스러운 기후의 움직임으로 이해할 수 있다. 이와 달리, '기후변화(Climate Change)'는 인간 활동이나 기타 자연적 요인에 의해 더 이상 평균적인 상태로 되돌아가지 않는 평균 기후계의 변화를 말한다(기상청, 2023).

결국 장기적으로 볼 때, 지구 평균 기온은 기후변동보다는 기후변화의 영향으로 점차 상승하고 있으며, 이러한 기후변화는 지구온난화로 인해 발생하고 있다. 인간 활동으로 인한 온실가스의 지속적인 배출로 지구온난화가 진행되었고, 그 결과 산업화 이후 현재까지 지구 평균 기온은 꾸준히 상승해 왔다

기후변화의 원인은 크게 인간 활동과 자연적 요인으로 나뉘지만, 자연적 요인의 영향보다 산업화 이후 인간 활동의 영향이 훨씬 더 크다는 점은 이미 과학적으로 입증되었으며, 이는 국제기구와 전문가들의 공통된 견해다. 기후변화에 관한 정부 간 협의체는 평가보고서를 통해, 산업화 이후 온실가스 배출을 초래한 인간 활동이 지구 온난화의 주요 원인임을 명확히 밝혔고(IPCC, 2023a), 세계기상기구 역시 전 지구 기후 현황 보고서를 통해 인간 활동에 따른 온실가스 증가가 산업혁명 이후 기후변화의 핵심 원인임을 분명히 했다(WMO, 2024a).

한편, 현재 지구의 기온이 얼마나 상승했는지를 파악하기 위해서는 산업화 이전 시기의 평균 기온과 비교하는 것이 필요하다. 산업화 이전과 비교하는 이유는, 1차 산업혁명 이후 대기 중 이산화탄소 농도가 급격히 증가했고, 온실가스 농도도 빠르게 높아졌기 때문이다.

또 지구의 온도를 평균 기온 기준으로 판단하는 이유는 기후변동과 같은 자연적 요인을 반영할 수 있기 때문이다.

이처럼 산업화 이전 대비 최근의 평균 기온을 기준으로 지구의 기온을 파악하는 것은, 장기적인 관점에서 지구 온도 상승의 정도를 진단하고 미래의 기온 변화를 예축하기 위한 목적이 있다. 이에 따라 국제기구의 주요 발표 자료나 과학자들의 연구 결과는 지구의 기온을 수년에서 수십 년 단위로 평균한 값을 산업화 이전 시기와 비교하고 있으며, 이는 현재의 기후변화가 지구온난화 이전과 어떻게 달라졌는지를 파악하기 위한 것이다.

국제사회는 지구 평균 기온을 어느 수준까지 제한해야 할지를 두고 논의를 이어 왔으며, 이에 대한 내용은 과학적 연구를 바탕으로 유럽연합의 주장, 유엔기후변화협약 당사국 총회(COP), 기후변화에 관한 정부 간 협의체 평가보고서 등을 통해 꾸준히 언급되어 왔다.

1992년 유엔기후변화협약의 초기 협약 논의 당시, 전 세계는 기후변화의 심각성을 인식하기 시작했고, 온실가스의 대기 중 농도를 줄여야 한다는 필요성에 공감하기 시작했다. 그러나 당시에는 온실가스 감축을 위해 어느 정도의 노력이 필요한지, 그리고 어떠한 공동 목표를 설정해야 할지에 대한 구체적인 내용은 제시되지 않았다.

이후 1990년대 중반부터 지구 기온 상승에 대한 국제적 논의가 본격화되었고, 유럽연합은 과학적 연구를 토대로 지구 평균 기온 상승을 산업화 이전 대비 2℃ 이하로 제한하자고 처음으로 제안했다. 이와 함께 2000년대 중반 발표된 기후변화에 관한 정부 간 협의체 '제4차 평가보고서(AR4)'에서도 지구 평균 기온이 산업화 이전 대비 2℃를 초과할 경우 나타날 수 있는 위험성이 언급되었다.

2009년 제15차 유엔기후변화협약 당사국 총회에서 채택된 '코펜하겐 합의'에는 산업화 이전 대비 지구 평균 기온을 2℃ 이하로 유지하기 위한 목표가 포함되었으며, 2010년 제16차 당사국 총회의 '칸쿤 합의'를 통해 이 목표가 공식적으로 채택되었다.

이후 기후변화의 심각성이 점점 더 부각되면서, 국제사회는 유엔기후변화협약 파리협정을 통해 지구 평균 기온 상승을 산업화 이전 대비 1.5℃ 이하로 제한하자는 전 세계 공동의 목표에 최종적으로 합의하게 되었다(환경부, 2016).

그렇다면 왜 유엔기후변화협약 파리협정에서는 지구 평균 온도 상승 목표를 1.5℃ 이하로 설정했을까? 그 이유는 지구온난화가 초래하는 실질적인 영향 때문이다. 이러한 수치는 단순히 산업화 이전보다 1℃ 또는 2℃ 상승한 것처럼 보일 수 있지만, 실제로 그에 따른 영향은 결코 작지 않다

기후변화에 관한 정부 간 협의체에 따르면, 지구 평균

온도가 산업화 이전 대비 2℃ 상승할 경우, 전 세계적으로 극한 고온 현상이 더욱 자주 발생하고, 일부 지역에서는 집중호우가 증가하는 반면, 다른 지역에서는 가뭄과 강수량 부족이 심화될 것으로 예상된다. 또 기온 상승은 생태계에 치명적인 영향을 미친다. 지구 평균 온도가 2℃ 상승하면 산호초의 약 99%가 소멸할 가능성이 높고, 해양 어획량은 약 300만 톤 감소할 것으로 예측된다. 이와 함께 지구 식물의 16%, 척추동물의 8%, 곤충의 18%가 서식지 절반 이상을 잃게 되어 생물 다양성 감소와 멸종 위기가 심화될 수 있다(기상청, 2020).

따라서 지구 기온이 2℃까지 상승하는 것은 단순한 숫자의 차이를 넘어, 인류와 생태계 전반에 심각한 영향을 미치는 수준이라는 점에서 결코 가볍게 여길 수 없는 문제다. 하지만 만약 지구 평균 온도 상승을 산업화 이전 대비 2℃보다 낮은 1.5℃ 수준으로 억제할 수 있다면, 극한 고온 현상 등 여러 기후 재해의 발생 강도와 빈도를 줄일 수도 있다.

예를 들어, 만약 지구 평균 온도 상승을 산업화 이전 대비 1.5℃ 수준으로 억제할 수 있다면, 지구 중위도와 고위도에서 발생하는 극한 고온 현상은 2℃ 상승 시점보다 약 1℃~1.5℃ 낮은 수준에서 나타날 것으로 예상된다. 또 산호초는 99%가 소멸되는 대신 70~90%가 위협받는 수준에 그칠 수 있으며, 해양 어획량 감소도 300만 톤이 아니라 약 150만 톤 수준으로 절반 가까이 줄어들 것으로 예측된다. 지구 식물의 피해는 16%가 아닌 8%, 척추동물은 8%가 아닌 4%, 곤충은 18%가 아닌 6% 정도가 서식지의 절반 이상을 상실할 것으로 전망된다(기상청, 2020).

이처럼 평균 기온 상승을 2℃보다 단 0.5℃라도 낮춘 1.5℃ 수준으로 억제하는 것만으로도, 기후변화로 인한 다양한 위험 요소들을 현저히 줄일 수 있다는 점을 알 수 있다.

한편, 지구의 기온 상승이 미치는 또 다른 주요 영향 중 하나는 바로 해수면 상승이다. 최근까지 해수면은 지속적으로 상승해 왔으며, 산업화 이전 대비 지구 평균 온도가 2℃ 상승할 경우, 2100년까지 해수면이 2017년 기준보다 약 0.3m에서 0.9m 높아질 것으로 예상된다. 반면, 온도 상승 폭을 1.5℃ 이내로 억제할 수 있다면, 해수면 상승 폭은 같은 기간 기준에서 약 0.26m에서 0.77m 수준으로 줄일 수 있을 것으로 전망된다. 그러나 이 경우에도 2100년까지 해수면 상승 자체를 완전히 막을 수는 없다는 한계가 존재한다(기상청, 2020).

해수면 상승은 특히 군소도서개발도상국(SIDS)과 같은 해양 인접 국가에 더욱 심각한 영향을 미친다. 유엔에 따르면, 군소도서개발도상국는 총 57개국으로, 39개 국가와 18개의 유엔 지역 위원회 준회원으로 구성되어 있으나, 세부 분류는 기준에 따라 다소 차이가 있다(UN-OHRLLS, 2025).

군소도서개빌도상국가들은 지구온난화로 인한 해수면 상승과 태풍, 폭풍우 등의 영향으로 인한 해안 홍수 발생 가능성이 다른 나라보다 상대적으로 높다. 현재 전 세계 온실가스 배출량을 줄이지 않을 경우, 군소도서개발도상국은 2023년 대비 최대 14배에 달하는 경제적 피해를 입을 수 있으며, 만약 지구 평균 온도 상승을 1.5℃ 이내로 억제할 수 있다면 피해 규모는 약 7배 수준으로 줄어들 수 있을 것으로 예측된다. 그러나 이러한 온도 억제 노력에도 불구하고, 군서도서개발도상국가들이 입게 될 경제적 손실은 완전히 피할 수는 없을 것으로 보인다(Vousdoukas et al., 2023).

이처럼 유엔기후변화협약 파리협정에서 목표로 삼고 있는 '산업화 이전 대비 지구 평균 온도 1.5℃ 이하 유지'에 실패할 경우, 기후변화로 인해 건강, 생계, 식량 안보, 물 자원, 경제 성장 등 다양한 분야에서 위험이 더욱 커질 것으로 예상된다. 특히 온도가 2℃에 도달할 경우, 이러한 위험은 더욱 심각해질 것으로 전망된다(IPCC, 2018).

기후변화의 부정적 영향은 사회적 약자에게 더 큰 타격을 주며, 그 대상에는 사회적 소외계층, 취약계층, 일부 토착민, 농업 · 어업에 의존하는 지역 공동체, 북극 생태계, 건조 지역, 군서도서개발도상국, 저개발국 등이 포함된다. 이러한 계층과 지역은 기후변화에 특히 취약하며, 기후 위기가 지속될 경우 전 세계적으로 빈곤층과 소외계층의 수가 더욱 늘어날 것으로 예상된다(기상청, 2020).

그렇다면 현재 지구는 산업화 이전 대비 얼마나 기온이 상승했으며, 1.5℃까지 도달하기까지 얼마나 여유가 남아 있을까?

기후변화에 관한 정부 간 협의체 '제6차 평가보고서(AR6)'에 따르면, 2011년~2020년 동안의 지구 평균 표면 온도는 1850년~1900년 대비 약 1.1℃ 상승한 것으로 나타났다(IPCC, 2023a).

또 세계기상기구의 《전 세계 10년 기후 연례 업데이트(Global Annual to Decadal Climate Update)》 보고서에 따르면, 2024년부터 2028년 사이 연도별 지구 평균 지표

근처 온도가 1850년~1900년 기준보다 1.1℃에서 1.9℃ 더 높아질 가능성이 약 86%로 예측되고 있다. 특히, 이 기간 중 최소 1년 동안 지구 평균 기온이 산업화 이전 수준보다 일시적으로 1.5℃를 초과할 확률은 80%에 달한다. 또 세계기상기구는 2024~2028년 5년 평균 기온이 산업화 이전보다 1.5℃를 초과할 확률을 47%로 전망했으며, 이 기간 중 적어도 한 해는 현재 가장 더운 해인 2023년을 넘어설 가능성이 86%에 이른다고 밝혔다(WMO, 2024b).

더욱 우려스러운 점은 현재 지구 평균 온도의 상승 속도가 점점 빨라지고 있다는 것이다. 과거에는 전 지구 표면 온도가 오르내리며 자연스러운 변동을 보여 왔지만, 장기적인 관점에서 보면 1900년까지의 온도는 약 -0.5℃에서 0.5℃ 사이를 유지하며 비교적 안정적인 범위를 벗어나지 않았다.

그러나 2001년부터 2020년까지 20년 동안의 지구 평균 온도는 1850년~1900년 대비 약 0.99℃ 상승했으며, 특히 2010년~2020년의 최근 10년 동안은 약 1.09℃ 높아진 것으로 나타났다. 이는 해양과 육지 모두에서 온도가 상승했기 때문이며, 1970년 이후 지난 50년간의 온도 상승 속도는 최근 2000년간의 어떤 50년보다도 빠른 것으로 분석된다(기상청, 2024).

또 세계기상기구에 따르면, 산업화 이전 대비 지구 평균 온도가 향후 5년 중 최소 1년 동안 일시적으로 1.5℃를 초과할 확률은 2015년까지는 0%였지만, 2017년에는 20%로 상승했으며, 2023년에는 66%까지 상승했다. 이러한 수치는 부정적인 기후 결과가 나타날 가능성이 점점 높아지고 있음을 시사한다(WMO, 2024c).

2024년 6월 기준, 전 세계 온실가스 배출량의 약 82%를 차지하는 주요 107개국은 국가 차원의 법률, 정책, 전략 문서를 통해 넷제로 달성을 위한 공약과 의지를 공식적으로 표명했다. 이와 함께 전 세계 9000개 이상의 기업, 1000개 이상의 도시, 1000개 이상의 교육기관, 600개 이상의 금융기관이 유엔기후변화협약의 국제 캠페인 '레이스 투제로(Race to Zero)'에 참여하고 있으며, 2030년까지 전 세계 배출량을 절반으로 줄이기 위한 조치에 동참하겠다고 약속했다. 그러나 유엔기후변화협약 사무국은 현재 각국이 제출한 계획만으로는 2050년까지 전 지구적 넷제로 달성이 어렵다는 점을 지적하며, 목표 달성을 위해서는 즉각적이고 과감한 행동이 필요하다고 강조했다(UNFCCC, 2025e).

## 기후변화 대응의 국제적 노력

지구온난화와 기후변화의 심각성 증대에 따라 국제사회는 유엔기후변화협약 당사국 총회(UNFCCC COP)을 중심으로 기후변화 대응 논의를 지속해 왔다. 유엔기후변화협약은 1992년 브라질 리우 회의에서 채택되어 1994년 발효된 국제 협약으로, 주요 기구는 유엔기후변화협약 사무국, 당사국 총회(COP), 이행 부속기구(SBI), 과학기술자문부속기구(SBSTA) 등이다(외교부, 2015; UNFCCC, 2025b). 2025년 1월 기준 198개국이 가입했으며, 기후변화 관련 주요 회의는 당사국 총회, 교토의정서 당사국 총회(CMP), 파리협정 당사국 총회(CMA)로 구성된다(UNFCCC, 2025c).

유엔기후변화협약 당사국 총회는 1995년 첫 회의를 시작으로, 코로나19(COVID-19)로 인해 열리지 못했던 2020년을 제외하고 2024년 제29차 회의까지 매년 개최되었으며, 기후변화협약의 이행과 관련된 사안을 논의하고 결정해 왔다. 유엔기후변화협약 당사국 총회를 통해 채택한 국제 협약은 크게 두 종류이며, 주요 국제 협약으로는 1997년 일본 교토에서 열린 제3차 당사국 총회에서 채택된 '교토의정서'와 2015년 프랑스 파리에서 열린 제21차 총회에서 채택된 '파리협정'이 있다. 유엔기후변화협약의 교토의정서 당사국 총회와 파리협정 당사국 총회는 각각 교토의정서와 파리협정의 이행을 감독하며, 효과적인 이행을 위한 의사결정 회의를 운영한다. 교토의정서 당사국 총회는 2005년부터, 파리협정 당사국 총회는 2016년부터 회의가 시작되었다.

유엔기후변화협약의 첫 번째 협약인 교토의정서는 선진국을 중심으로 온실가스 감축 의무를 강화하고, 이를 위한 감축 목표와 수단을 정한 국제 협약이다. 유엔기후변화협약은 이미 산업화를 거친 선진국을 '부속서 I(Annex I)' 국가로 구분하는데, 부속서 I 국가는 1992년 기준의 경제협력개발기구(OECD) 회원국과 러시아 및 발트 3국 등 경제 전환국(EIT)으로 정의된다. 이 국가들은 교토의정서의 온실가스 감축 의무를 부담해야 하는 국가들이다(UNFCCC, 2025d).

교토의정서는 1990년 기준 부속서 I 국가들의 온실가스 배출량 대비 국가 전체 평균을 약 5.2% 감축하는 것을 목표로 설정하였으며, 이는 해당 국가들을 국제적인 책임 주체로 인식한 결과였다(에너지경제연구원, 2003). 이를 효율적으로 달성하기 위해 교토의정서는 '공동이행(JI)', '청정개발체제(CDM)', '배출권거래제(ET)' 등의 제도를 도입했다. 만약 이를 이행하지 않을 경우, 감축량 추가 부과나 배출권 거래 정지 등 강제 조치를 취하도록 했다(이재협, 2007).

이러한 제도적 기반을 바탕으로, 교토의정서는 128개국에서 약 8000개의 청정개발체제 사업을 수행해 약 15억 톤 이상의 이산화탄소를 감축했고, 부속서 I 국가들은 약 100억 달러의 수익을 창출하는 성과를 거두었다(환경부, 2016). 그러나 2008년 이후 교토의정서는 여러 문제에 직면했다. 유엔기후변화협약 당사국 총회 등에서 지속적인 논의가 이루어졌지만, 근본적인 문제를 해결하지는 못했다. 주요 문제 중 하나는 2008년에서 2012년까지의 제1차 공약 기간 종료 후 미국, 러시아, 캐나다, 뉴질랜드 등이 협약 불참을 선언한 점이다. 그 결과 2013년에서 2020년까지의 제2차 공약 기간에는 참여국의 온실가스 배출량이 전 세계 배출량의 15%에 불과하게 되었다(외교부, 2025). 또 중국과 인도처럼 부속서 I에 속하지 않으면서도 세계적으로 많은 온실가스를 배출하는 국가들이 존재하면서, 선진국의 노력만으로는 기후변화를 극복하기 어려운 상황에 이르렀다. 이에 따라 모든 국가가 함께 참여할 수 있는 새로운 체제의 필요성이 대두되었다. 이처럼 교토의정서는 전 세계적인 온실가스 감축 체계를 만들어 감축 활동을 시작한 데 의의가 있으나, 지속 가능하지 못한 협약 요소들과 선진국 중심의 구조 등으로 인해 한계가 드러났다.

유엔기후변화협약의 두 번째 협약인 파리협정은 교토의정서의 한계를 극복하기 위한 논의를 바탕으로 탄생했다. 파리협정은 유엔기후변화협약 당사국 모두에게 온실가스 감축 의무를 부여하며, 각국이 자발적으로 설정한 감축 목표를 '국가 결정 기여(NDC)'로 정의했다. 각 국가는 5년마다 새로운 국가 결정 기여를 제출해야 하며, 이때 새로운 계획은 이전보다 더 높은 수준의 목표를 반영해야 한다. 또 국가 결정 기여와는 별도로 국가별 '장기 저탄소 발전 전략(LT-LEDS)' 수립을 촉구하고 있어, 각국이 중장기적인 저탄소 전략을 통해 목표를 보다 체계적으로 이행하도록 요구하고 있다.

파리협정은 지구 평균 기온 상승을 산업화 이전 대비 1.5℃ 이하로 제한하는 것을 공동 목표로 설정했다. 이는 기존 당사국 총회에서 설정한 2℃ 이하의 목표보다 더 강력한 기준으로, 1.5℃를 초과할 경우 심각한 기후변화 위험이 발생할 수 있다는 기후변화에 관한 정부 간 협의체의 경고를 반영한 것이다(UNFCCC, 2025a). 파리협정은 2020년 교토의정서 제2차 공약 기간 종료와 함께 실질적으로 그 체제를 대체하면서 출범하였고, 이에 따라 '신기후체제(New Climate Regime)'라고 불리기도 한다. 이 협정은 정부뿐만 아니라 다국적 기업, 민간 부문, 시민사회 등 다양한 이해관계자의 참여를 독려하며, 이들과의 협력을 강조하고 있다.

또 파리협정은 기존의 온실가스 감축 중심에서 벗어나, 적응, 재원, 기술, 역량 배양, 투명성 등을 주요 내용으로 다루고 있다(환경부, 2016). 이 중에서도 '기술'은 기후변화 대응을 위한 핵심 수단으로 강조되고 있다.

재원 분야에서는 녹색기후기금(GCF)이 개발도상국의 감축과 적응을 지원하고 있으며, 현재까지 약 135억 달러를 투자하여 243건의 사업을 승인했다(기획재정부, 2023; 송지혜 · 이예림, 2024). 그러나 지속 가능한 대응을 위해서는 단순한 재정 지원을 넘어, 기술 혁신과 이전이 필수적이라는 인식이 확산되고 있다.

파리협정 제10조는 기술의 중요성을 명시하며, '기술 메커니즘' 강화를 통한 혁신 촉진을 요구한다(UNFCCC, 2015). 이를 위해 2010년 유엔기후변화협약 제16차 당사국 총회에서는 '기술집행위원회(TEC)'와 '기후기술센터네트워크(CTCN)'를 출범시켰다. 기술집행위원회는 선진국과 개발도상국 전문가들로 구성되어 기술 정책 방향을 설정하고, 기후기술센터네트워크는 개발도상국에 기후 기술 지원과 정보 제공, 이해관계자 간 협력을 담당한다(TT:CLEAR, 2025).

또 2015년에는 '파리역량배양위원회(PCCB)'가 설립되어 개발도상국의 기술 역량 강화를 지원하고 있으며(UNFCCC, 2025f), 이는 기후 기술 격차 해소에 기여하고 있다.

최근 유엔기후변화협약 당사국 총회에서도 기술의 중요성은 더욱 부각되었다. 제28차 총회에서는 '전 지구적 이행점검(GST)'을 통해 기술 활용이 기후 목표 달성의 필수조건임을 명확히 했다. 특히, 탄소 포집 · 활용 · 저장(CCUS), 탄소 직접 제거, 재생에너지, 원자력, 저탄소 수소 기술 등의 활용이 강조되었으며, 재생에너지 용량 3배 확대와 에너지 효율 2배 향상 방안도 제시되었다(최영선 · 이수민, 2023; 외교부, 2023).

손실과 피해 대응, 투명성 확보, 새로운 기후 재원 조성 논의 등 다양한 분야에서도 기술 지원은 중요한 수단으로 인식되고 있다. 특히, 제27차와 28차 총회에서는 디지털 전환, 물-에너지-식량 시스템, 국가 혁신 시스템, AI 기술 활용 등이 개발도상국 지원 전략의 핵심 과제로 제시되었다(외교부, 2023).

이처럼 기술은 단순한 보조 수단을 넘어, 기후변화 문

제를 해결할 가장 핵심적인 열쇠로 자리 잡았다. 과거 인류의 기술 발전이 지구온난화를 초래한 측면이 있었다면, 이제는 그 기술이 기후 위기 극복을 위한 필수 도구가 되고 있다. 결국, 기술 없이는 기후변화 문제를 해결할 수 없는 시대에 들어선 것이다.

## AI 기술의 발전과 기후변화 대응

인류는 제1차부터 제4차 산업혁명까지 빠르게 기술을 발전시켜 왔으며, 특히 정보통신기술(ICT)의 진화 속도는 가속화되고 있다. 1965년 인텔 공동 창립자 고든 무어(Gordon Moore)가 집적회로 기술의 발전을 예측하면서 '무어의 법칙(Moore's Law)'이 제시되었다(The Science Times, 2015). 무어의 법칙에 따르면 반도체 기술은 약 18개월마다 성능이 두 배로 향상되었으며, 이는 컴퓨터 성능과 정보통신기기 생산성 증가, 제품 가격 하락, PC · 노트북 · 스마트폰 · 태블릿 확산으로 이어졌다.

컴퓨터 성능 향상은 인공지능(AI), 빅데이터, 클라우드, 로봇 등 다양한 기술 발전을 이끌며 4차 산업혁명과 초연결 사회를 촉진했다. 특히 AI는 미래 산업과 경제 변화를 주도할 핵심 기술로 부상했으며, 국가 경쟁력의 중심 요소로 평가되고 있다(삼일회계법인, 2023). 가트너는 세계 AI 반도체 시장이 2021년 347억 달러에서 2026년 861억 달러까지 연평균 16% 성장할 것으로 전망했으며, 엔비디아, AMD, 마이크로소프트, 아마존, 구글 등 글로벌 기업들이 AI 시장 경쟁에 뛰어들었다(과학기술정보통신부, 2023). AI는 금융, 의료, 법률, 게임, 로봇, 스마트 비서, 추천 시스템 등 다양한 분야에 폭넓게 활용되고 있으며(김윤정 · 유병은, 2016), 스마트 팩토리, 금융권의 로보어드바이저, 유통업의 수요 예측, 게임 산업의 대규모 언어 모델(LLM) 활용 등 다양한 산업에서 생산성 향상과 혁신을 이끌고 있다(삼성SDS, 2024). 또 AI는 온실가스 모니터링, 에너지 · 교통 관리, 기후 모델링, 재해 조기경보, 생물다양성 모니터링 등 기후변화 대응에도 광범위하게 활용되고 있다(UNFCCC, 2024a).

2023년 유엔기후변화협약 제28차 당사국 총회에서는 '기후 행동을 위한 AI(AI4ClimateAction)' 이니셔티브가 출범했다(외교부, 2023). 이 이니셔티브는 개발도상국의 기후 대응 솔루션(solution) 발굴을 목표로 하며, '유엔기후변화협약 기술 메커니즘 공동 작업 프로그램(2023~2027)'의 지침에 따라 시행되고 있다(TT:Clear, 2025). 이 프로그램은 기술 로드맵, 디지털화, 수자원-

에너지-식량 시스템 등 여덟 개 분야를 중심으로 기술 개발과 이전을 가속화하는 계획을 담고 있다(UNFCCC, 2022).

2024년 4월에는 기술집행위원회와 기후기술센터네트워크가 'AI 이니셔티브 2024~2027 작업 계획'을 수립했다. 주요 내용은 AI를 통한 개발도상국 지원, 젠더 · 취약계층 고려, 에너지 소비와 디지털 격차 같은 위험 요소 인식 제고 등을 포함한다(UNFCCC, 2024b). 또한, 'AI 혁신 그랜드 챌린지 2024' 경연대회를 통해 최빈개도국(LDCs, Least Developed Countries), 군서도서개발도상국을 위한 AI 기반 기후 솔루션을 발굴했으며, 주요 수상작에는 스마트 물-식량-에너지 연계, 탄소 배출 정량화 등이 포함되었다(UNFCCC, 2024c). 이와 같이 국제사회는 기술집행위원회, 유엔 대학교 환경 및 인간 안보 연구소(UNU-EHS, United Nations University Institute for Environment and Human Security), 파리역량배양위원회와 협력하여 AI를 통한 기후 대응 역량 강화와 기후 위기 극복을 위한 활동을 지속적으로 추진하고 있다(UNFCCC, 2024b).

본 도서는 최근 가장 이슈가 되고 있는 기후 위기와 AI라는 두 가지 주제를 중심으로 구성되었다. 기후변화는 인간이 초래한 현상이자, 다시 인간에게 심각한 영향을 주는 문제로, 산업혁명 이후 가속화된 기술 발전이 그 주요 원인으로 지목된다. 이러한 변화는 지구온난화로 이어졌고, 현재 인류가 직면한 기후 위기의 본질적인 배경이 되었다. 다행히도, 전 세계는 이제 그 심각성을 인식하고 다양한 대응 조치를 마련하고 있으며, 기술적 · 정책적 노력을 통해 기후 위기에 대응하려는 움직임이 활발히 이어지고 있다.

아이러니하게도, 이처럼 인간이 만들어 낸 위기를 극복하기 위한 핵심 도구 역시 인간이 창조한 '기술'이다. 그중에서도 AI는 혁신적인 가능성을 가진 기술로 주목받고 있으며, 에너지 생산과 효율화, 기후변화 모니터링, 재난 관리, 식량 안보, 물 · 해양 · 산림 관리 등 다양한 영역에서 활발하게 활용되고 있다. 그러나 AI 기술은 기후변화 대응에 긍정적인 역할만 하는 것이 아니라, 그 자체로 상당한 에너지 소비와 탄소 배출을 유발하기도 한다. 이에 따라 AI 기술의 긍정적 가능성과 부정적 영향을 모두 고려하며, 지속 가능한 활용 방안을 고민하는 일이 더욱 중요해지고 있다.

본 도서는 이러한 관점에서, AI 기술이 기후변화 대응 활동에 어떻게 적용되고 있는지를 체계적으로 정리하고, 그 긍정적 영향과 부정적 영향을 균형 있게 분석한다. 또한, AI와 기후 기술의 시너지를 극대화하기 위한 방안을 모색하며, 관련 분야에 관심 있는 대학생, 대학원생, 연구자들에게 유익한 통찰과 실질적인 정보를 제공하는 것을 목표로 한다. 이 책은 총 열 개의 장을 통해 이론과 사례를 균형 있게 다루며, 독자들이 기후 위기 시대에 AI 기술을 어떻게 이해하고 활용할 수 있을지 통찰을 얻을 수 있도록 돕고자 한다.

## 참고문헌


과학기술정보통신부(2023). 인공지능 반도체 Team Korea, 'K-클라우드 프로젝트' 1단계 본격 착수.

국가기상위성센터(2025). 온실가스 소개. https://nmsc.kma.go.kr/homepage/html/base/cmm/selectPage.do?page=static.satllite.greenHouseGasTab

국가법령정보센터(2024). 기후위기 대응을 위한 탄소중립·녹색성장 기본법. 대한민국 법제처. https://www.law.go.kr/LSW/lsInfoP.do?lsId=014152&ancYnChk=0#0000

국립국어원(2024). 국립국어원 표준국어대사전. https://stdict.korean.go.kr/main/main.do

국립기상과학원 홈페이지(2024). 기후변화 질의응답 - 기후변동, 기후변화, 지구온난화. http://www.nims.go.kr/?sub_num=830

국립중앙과학관 홈페이지(2024). 국립중앙과학관.

https://science.go.kr/mps/index.do
기상청(2020). 지구온난화 1.5도씨 특별보고서 해설서.
기상청(2023). 탄소중립을 위한 기후변화과학의 이해.
기상청(2024). IPCC AR6 종합보고서 정책결정자를 위한 요약본.
기획재정부(2023). 녹색기후기금 한국의 3억불 공여를 포함해 2차 재원 보충에 총 93억불 조성.
김규현·윤범석(2023). 에너지 부문의 파리협정 격년투명성보고서(BTR) 작성 기반 구축 연구(3/3). 에너지경제연구원.
김상훈(2017). 4차 산업혁명: 주요 개념과 사례. 산업연구원.
김윤정·유병은(2016). 인공지능 기술 발전이 가져올 미래 사회 변화. KISTEP R&D InI.
삼성SDS(2024). 산업별 AI 활용 사례. https://www.samsungsds.com/kr/insights/ai_use_cases.html
삼일회계법인(2023). 2024년 주목해야 할 산업 : 패러다임 변화 속 유망 산업.
송성수(2017). 산업혁명의 역사적 전개와 4차 산업혁명론의 위상. 《과학기술학연구》, 17(2), 5-40.
송지혜·이예림(2024). 녹색기후기금(GCF) 2기(2024~27년) 운영방향과 시사점. 대외경제정책연구원.
에너지경제연구원(2003). 교토의정서(The Kyoto Protocol)에 대해. https://www.keei.re.kr/board.es?act=view&bid=0001&cg_code=&list_no=81034&mid=a10101010000&tag
외교부(2015). [기후변화의 이해] 기후변화협약(UNFCCC). https://www.mofa.go.kr/www/brd/m_20152/view.do?seq=357635&srchFr=&srchTo=&srchWord=&srchTp=&multi_itm_seq=0&itm_seq_1=0&itm_seq_2=0&company_cd=&company_nm=&page=1&titleNm=
외교부(2023). 제28차 유엔기후변화협약 당사국총회 폐막.

https://www.mofa.go.kr/www/brd/m_4080/view.do?seq=374485
외교부(2024). 제29차 유엔기후변화협약 당사국총회 폐막. https://down.mofa.go.kr/www/brd/m_4080/view.do?seq=375668&page=8&pitem=10
외교부(2025). 기후변화협상. https://www.mofa.go.kr/www/wpge/m_20150/contents.do
이덕환(2004). 과학과 기술, 그리고 과학기술. 《과학과 기술》, 37(11), 4-5.
이재협(2007). 교토의정서 의무준수위원회 논의동향 분석 및 대응방향. 외교통상부.
최영선·이수민(2023). 제1차 전 지구적 이행점검의 주요 결과와 시사점: 감축 분야를 중심으로. 에너지경제연구원.
환경부(2016). 교토의정서 이후 신 기후체제 파리협정 길라잡이.
환경부(2022). 파리협정 함께보기.
황준석(2023). 제28차 유엔기후변화협약 당사국총회(COP28) 주요 성과 및 시사점. 한국무역협회 국제무역통상연구원.
2050 탄소중립위원회(2021). 탄소중립 학습 자료집(요약본).
GCF(2025). About GCF. Timeline. https://www.greenclimate.fund/about/timeline
IPCC(2014). Climate Change 2014: Synthesis Report.
IPCC(2018). Summary for Policymakers: Global Warming of 1.5° C.
IPCC(2023a). Climate Change 2023: Synthesis Report.
IPCC(2023b). Climate change 2021: The physical science basis.
The Science Times(2015). '무어의 법칙' 50년, 회고와 재평가. https://www.sciencetimes.co.kr/nscvrg/view/menu/262?searchCategory=231&nscvrgSn=135429
TT:CLEAR(2025). Technology Mechanism.

https://unfccc.int/ttclear/support/technology-mechanism.html
UN-OHRLLS(2025). List of SIDS. https://www.un.org/ohrlls/content/list-sids
UNEP(2007). Global Environment Outlook 4.
UNFCCC(1998). Kyoto protocol to the United Nations Framework Convention on Climate Change.
UNFCCC(2015). Paris Agreement.
UNFCCC(2024). AI for Climate Action in Developing Countries: Opportunities, Challenges and Risks.
UNFCCC(2025a). The Paris Agreement. https://unfccc.int/process-and-meetings/the-paris-agreement
UNFCCC(2025b). About the secretariat. https://unfccc.int/about-us/about-the-secretariat
UNFCCC(2025c). What are United Nations Climate Change Conferences. https://unfccc.int/process-and-meetings/what-are-united-nations-climate-change-conferences
UNFCCC(2025d). Parties & Observers. https://unfccc.int/parties-observers
UNFCCC(2025e). For a livable climate: Net-zero commitments must be backed by credible action. https://www.un.org/en/climatechange/net-zero-coalition
UNFCCC(2025f). Paris Committee on Capacity-building (PCCB). https://unfccc.int/pccb_activities
Vousdoukas, M. I., et al.(2023). Small Island Developing States under threat by rising seas even in a 1.5° C warming world. Nature Sustainability, 6, 1552 – 1564.

https://doi.org/10.1038/s41893-023-01230-5
WMO(2023.12.5). Rate and impact of climate change surges dramatically in 2011 – 2020. https://wmo.int/news/media-centre/rate-and-impact-of-climate-change-surges-dramatically-2011-2020
WMO(2024a). State of the Global Climate 2023.
WMO(2024b). WMO Global Annual to Decadal Climate Update (2024-2028).
WMO(2024c). Global temperature is likely to exceed 1.5° C above pre-industrial level temporarily in next 5 years. https://wmo.int/news/media-centre/global-temperature-likely-exceed-15degc-above-pre-industrial-level-temporarily-next-5-years

# 01
# 기후 위기와 AI의 시대

지구온난화로 인한 기후 위기는 인류 생존을 위협하는 핵심 이슈로 부상하고 있으며, 전 세계적으로 극한 기상 현상이 빈번해지고 있다. 동시에 AI 기술은 급속한 발전을 통해 다양한 분야에 적용되며 사회 전반에 큰 변화를 가져오고 있다. 이에 기후와 기술이라는 두 축의 교차점에서 현대 사회가 직면한 위기와 가능성을 통합적으로 탐색하고자 한다.

AI와 1인 창업?

## 기후 위기의 시대

현재 지구는 인류의 산업화 과정에서 발생한 지구온난화로 인해 기후변화가 가속화되고 있으며, 그 결과로 극한 기상 현상이 빈번하게 나타나고 있다. 최근까지의 기후변화 원인은 주로 인간 활동에 의한 것이라는 사실이 과학적으로 명백히 밝혀졌으며, 이로 인해 발생하는 자연재해는 인류에게 심각한 피해를 주고 있다.

2015년 파리협정 이후 국제사회는 지구온난화와 기후변화 문제의 심각성을 인식하기 시작했고, 지금 당장 행동해야 한다는 절박함을 담은 용어를 사용하기 시작했다. 2019년 9월 뉴욕에서 열린 유엔 기후 정상회의는 기존의 '2014 유엔 기후 정상회의(UN Climate Summit 2014)'와 달리 '2019 유엔 기후 행동 정상회의(2019 UN Climate Action Summit)'라는 명칭으로 개최되었으며, 같은 해 12월 열린 제25차 유엔기후변화협약(UNFCCC) 당사국 총회에서는 '행동해야 할 시간(Time for Action)'이라는 표현이 핵심 의제로 채택되었다(대한민국 정책브리핑, 2021).

또 언론사 가디언은 2019년부터 환경 보도 시 사용하는 용어를 변경하기로 했다. '기후변화(Climate change)' 대신 '기후 비상사태(Climate emergency)' 또는 '기후 위기(Climate crisis)'라는 표현을, '기후 회의론자(Climate sceptic)' 대신 '기후 과학 부정론자(Climate science denier)'를, '지구온난화(Global warming)' 대신 '지구 가열(Global heating)'이라는 표현을 사용하기로 한 것이다(The Guardian, 2019).

우리나라 역시 2020년부터 '기후 위기'라는 용어를 공식적으로 사용하기 시작했다. 2020년 9월 국회에서는 '기후 위기 대응 비상 결의안'을 의결하였고, 10월 문재인 대통령은 국회 시정연설에서 '기후 위기 대응'이라는 표현과 함께 국가 탄소중립 계획을 발표하였다(대한민국 정책브리핑, 2021). 이후 기존의 '저탄소 녹색성장기본법'을 대신해 '기후위기 대응을 위한 탄소중립 · 녹색성장 기본법'을 2021년에 제정하였으며, 법령의 제2조를 통해 '기후 위기'의 의미를 '기후변화가 극단적인 날씨뿐만 아니라 물 부족, 식량 부족, 해양 산성화, 해수면 상승, 생태계 붕괴 등 인류 문명에 회복할 수 없는 위험을 초래하여 획기적인 온실가스 감축이 필요한 상태'로 정의하였다(한겨레신문, 2024; 국가법령정보센터, 2024).

글로벌 주요국도 이러한 기후 위기의 심각성을 인식하고 있다. 미국 국방부는 2007년부터 '최악의 기후 재앙 시나리오'를 토대로 국내외 동시다발적인 재난 발생과 국가 붕괴에 대비한 군사 시나리오를 준비하고 있으며, 2019년 4월 스코틀랜드를 시작으로 영국 의회, 프랑스, 호주 시드니 등 여러 국가 및 도시가 '기후 비상사태'를 선언했다. 또한, 유럽연합은 2019년 11월 유럽의회 본회의에서 기후 비상사태를 선언하는 결의안을 승인했다(아주경제, 2019; 연합뉴스, 2019).

이제는 단순히 '지구온난화'나 '기후변화'라는 용어만으로는 현재의 심각한 상황을 설명하기 어렵다. 산업화 이전 대비 지구 평균 온도가 1.5℃에 도달하는 시점이 점점 빨라지고 있으며, 실제로 2023년 2월부터 2024년 1월까지 12개월 평균 온도는 1.52℃까지 상승해 국제 사회가 경계선으로 삼은 임계치를 처음으로 넘어서기도 했다. 2023년은 지난 10만 년 중 가장 더운 해로 기록될 가능성이 크다(Science On, 2024). 다행히 이러한 수치는 단기적인 기온 상승이며, 장기적으로 산업화 이전 대비 평균 지구 온도를 1.5℃ 이하로 유지하겠다는 파리협정 목표 달성에 완전히 실패한 것은 아니다.

이 단기적 상승의 또 다른 원인은 엘니뇨 현상으로, 적도 부근 동태평양 해수면 온도가 비정상적으로 높아지며 대기 온도까지 함께 상승한 결과다. 그러나 이러한 일시적인 현상만으로는 기온 상승을 설명할 수 없고, 주요 원인은 여전히 온실가스 배출량의 증가와 이로 인한 지구온난화다(동아일보, 2024; SK ecoplant, 2025).

'기후변화'라는 표현만으로는 설명이 부족한 시대, 우리는 이제 기후 위기의 시대에 살고 있다. 해마다 증가하는 대기 중 온실가스와 누적된 탄소로 인한 지구온난화, 그에 따른 지구 평균 온도 상승은 인류에게 시간이 얼마 남지 않았음을 경고하고 있다.

## 글로벌 이상기후 현상

지구온난화 심화로 전 세계 이상기후 현상이 더욱 빈번하고 심각해지고 있다. 2019~2023년 동안의 사례를 살펴보면, 전 세계 곳곳에서 폭염, 홍수, 가뭄, 산불, 산사태 등이 동시다발적으로 발생하며 인명과 재산 피해가 급증했다.

유럽에서는 2019년, 지구온난화의 영향으로 다수 국가에서 40℃를 넘는 폭염이 발생했다. 프랑스에서는 1435명이, 네덜란드에서는 최소 400명이 폭염으로 사망했으며, 독일, 영국, 스페인, 이탈리아, 벨기에 등지에서도 인명 피해가 보고되었다. 2020년에도 노르웨이, 스페인, 영국, 프랑스 등의 국가에서 기록적인 폭염이 발생하여 사망자가 발생했다. 2021년에는 독일과 벨기에에서 심각한 폭우로 인하여 도로가 차단되거나 인터넷이 중단되는 등 재건에 수십억 유로가 필요한 피해가 발생했다. 2022년에는 또다시 폭염이 발생하였는데, 아일랜드, 덴마크, 영국, 독일 등의 지역에서 모두 높은 온도로 폭염이 발생했고, 해당 시기 폭염으로 포르투갈 지역은 1063명이 사망하였고, 스페인에서는 679명이 사망했다. 이와 함께 포르투갈, 이탈리아, 프랑스, 독일, 폴란드, 헝가리, 슬로바키아, 루마니아, 스페인 등의 국가들은 넓은 지역에서 심각한 가뭄이 발생했으며, 유럽은 500년 만의 최악의 가뭄을 겪었다. 2022년 12월부터 2023년 1월까지는 유럽 전역에서 이상 고온 현상이 발생했으며, 과거 동일한 시기 대비 최고 기온의 기록을 경신하기도 했다(관계부처 합동, 2020: 관계부처 합동, 2021: 관계부처 합동, 2022: 관계부처 합동, 2023: 관계부처 합동, 2024).

오세아니아 지역에서는 뉴질랜드는 2019년 1086mm의 폭우가 발생하면서 국가 비상사태가 선포되었고, 전기가 끊기거나 다리가 무너지는 등의 피해가 발생했다. 호주는 2018년 12월부터 2019년 1월까지 기존의 최고기온 기록을 갱신하는 폭염이 발생하면서, 일부 지역에서 물고기가 백만 마리 이상이 폐사하고, 야생 박쥐들이 나무에서 떨어지고, 복숭아 등의 과실이 안쪽부터 익는 등의 동식물 피해가 급증했다. 호주는 2019년 1월 말부터 2월 초까지 연 강수량과 맞먹는 폭우가 발생하면서, 강둑이 무너지고, 최대 소 30만 마리가 죽었으며, 주택 2만여 채와 학교 및 공항이 침수되어 수천 명의 이재민이 발생했다. 이와 함께 호주는 2019년 10월부터 12월까지 심각한 가뭄이 발생하였는데, 11월부터 12월까지는 가뭄과 함께 대형 산불도 발생하면서 우리나라 면적보다 넓은 지역이 손실되었고, 사망자 발생과 야생동물이 죽거나 다치면서 14개 지역에 비상사태를 선포했다. 2020년에는 반대로 호주에 집중호우가 내려 10만여 가구의 정전 사태가 발생하고, 지하철 터널 침수 및 학교 임시 휴교령 등이 생겨났다. 2021년에도 호주는 대규모 홍수로 인하여 4만 명 이상이 대피하고 약 5천 세대 이상의 주택이 손상되었으며, 2022년에도 2월부터 4월까지 일부 지역에서 심각한 홍수가 발생하여 22명이 사망하고, 약 1,000개의 학교가 문을 닫았다(관계부처 합동, 2020: 관계부처 합동, 2021: 관계부처 합동, 2022: 관계부처 합동, 2023: 관계부처 합동, 2024).

미국과 캐나다 역시 심각한 이상기후로 큰 피해를 입었다. 미국은 2019년 4월 시카고 지역과 10월 노스다코타 지역에 기록적인 폭설이 내리면서 항공기 결항과 농작물 피해를 입었고, 알래스카 지역은 2019년 평균 기온이 가장 높은 온도로 갱신되면서 바닷새들이 집단 폐사하고, 인근 해역의 해빙 면적 감소가 심화되었다. 2020년 7~9월에는 폭염과 함께 캘리포니아 지역에 역사상 가장 큰 산불이 발생하여 재산과 인명 피해가 생겼다. 같은 해 8월부터 10월까지는 루이지애나 부근 지역에서 허리케인 '로라', '델타', '제타'가 연달아 상륙하면서 심각한 홍수와 강풍으로 재산과 인명 피해가 발생했는데, 특히 8월 루이지애나에서는 카테고리 4의 허리케인 '로라'로 인하여 77명의 사망자와 1400억 달러의 경제적 피해를 주었다. 2021년에는 미국 서부에서의 폭염으로 오리건 지역에서 95명이 사망하였으며, 캘리포니아에서는 큰 산불로 인하여 약 39만 헥타르 면적이 소실되고 건물과 인명 피해가 발생했다. 2021년 1~2월에는 미국 서부에 강풍, 폭우, 폭설로 인해 홍수와 산사태 등이 발생하면서 공공시설 마비와 인명 피해가 발생했으며, 일부 지역은 비상사태를 선포하기도 했다. 같은 해 6월에는 미국 서부 거의 모든 지역이 극심한 가뭄이 발생하였으며, 8월에는 카테고리 4의 허리케인 '아이다'가 루이지애나에 상륙하면서 115명의 사망자가 발생하고, 수많은 건물과 가옥이 파괴되었다. 2022년 12월에는 뉴욕을 중심으로 눈 폭풍이 발생하면서 미국 전역에서 최소 34명이 사망하고, 교통이 마비되었다. 2022년 12월부터 2023년 1월까지 미국 서부에서는 폭우가 발생하였는데, 이로 인해 20명이 사망하고 700개 이상의 산사태와 10억 달러 이상의 피해가 발생하였으며, 특히 피해가 심각했던 캘리포니아는 재난 비상사태를 선포했다. 2023년 6월~7월에는 미국 남부 및 서부 지역에서 기록적인 폭염이 발생했으며, 많은 지역에서 최고 기온을 경신하면서 약 600명이 폭염으로 사망했다. 캐나다는 2020년 1월 적설량 최대 75cm, 최대 풍속 150km/h의 눈폭풍으로 인해 동부 연안 지역의 비상사태를 선포했다. 2021년 6~7월에는 캐나다 서부 지역의 브리티시컬럼비아에서는 이틀 사이 70만 건의 낙뢰와 180여 건의 산불이 발생하였고, 폭염과 대형 산불로 인해 브리티시컬럼비아주의 마을 릿튼의 90%가 전소되고 최소 808명의 추정 사망자가 발생하기도 하였다(관계부처 합동, 2020: 관계부처 합동, 2021: 관계부처 합동, 2022: 관계부처 합동, 2023: 관계부처 합동, 2024).

중남미 지역에서는 2020년 니카라과, 온두라스, 과테말라, 파나마 등의 국가에서 허리케인 '에타'로 인하여 수많은 인명과 재산 피해가 생겼으며, 11월에는 가장 강력한 종류로 분류되는 카테고리 5의 초대형 허리케인 '요타'의 영향으로 니카라과, 콜롬비아, 엘살바도르, 온두라스 등의 국가에서 대규모 산사태와 홍수 피해가 발생하면서 최소 61명이 사망하고, 14억 달러의 경제적 피해를 초래했다. 2023년 8~9월에는 남미 지역에서 이례적으로 높은 기온이 나타나면서 칠레, 페루, 볼리비아, 파라과이, 아르헨티나, 브라질 등 여러 국가에서 최고 기온 기록이 갱신되었다(관계부처 합동, 2020: 관계부처 합동, 2021: 관계부처 합동, 2022: 관계부처 합동, 2023: 관계부처 합동, 2024).

아시아 지역도 예외는 아니다. 일본에서는 2019년 10월 폭우와 돌풍을 동반한 태풍 '하기비스'로 인해 30명의 사망자와 15명의 실종자 및 177명의 부상자 피해가 발생했다. 2020년 7월에는 기록적인 폭우와 홍수 및 산사태로 49명이 사망하고 13명이 실종되었으며, 하천 범람으로 3000명 이상의 이재민이 발생했다. 2023년에는 일본 구마모토 및 미나마타 지역에서 4월 최고 기온 기록을 경신하기도 했다. 중국은 2020년 4월에 때아닌 폭설로 인하여 교통 피해가 발생했고, 같은 해 6월에는 남부와 중부 및 동부 지역에 폭우와 홍수로 81명이 사망 또는 실종되고 1400만여 명의 이재민이 발생하였으며, 7월에도 폭우가 계속되어 142명이 사망 또는 실종되고 4500여 명의 인명 피해가 발생했다. 2022년 중국 남서부에는 여름 폭염으로 심각한 가뭄이 발생하여 작물 생장과 식수 공급 등에 영향을 받았으며, 같은 해 중국 중·남부에는 집중호우가 내려 도시 침수와 산사태 등으로 48만여 명의 이재민이 발생했다. 2023년 윈난성은 4월 최고 기온 기록을 경신하면서 가뭄이 장기간 지속되었다. 인도는 2019년 5월 풍속 최고 205km/h를 기록한 사이클론 파니로 인해 최소 34명이 사망했고, 6월에는 심각한 가뭄과 강수량 부족으로 농작물 피해와 800여 만 명의 농민이 피해를 입었으며, 생활용수 부족과 휴교령이 내려졌다. 2020년 6~9월에는 인도에서 집중호우와 홍수로 1100여 명의 사망 및 실종되었으며, 2023년 4월에는 이상 고온 현상과 함께 기록적인 폭염이 발생하여 600여 명이 열사병에 걸렸고 최소 13명이 사망했다. 태국은 2020년 1월에 이상 저온 현상으로 인하여 10여 명이 저체온증으로 사망하였으며, 필리핀은 2020년 11월 카테고리 5의 태풍 고니로 인하여 40만 명의 이재민과 26명의 사망자 및 경제적 피해가 발생했으며, 같은 달 이어서 카테고리 4의 태풍 '밤꼬'로 인하여 대규모 홍수와 함께 피해가 가중되었다. 파키스탄은 2022년 폭염과 이상 고온 현상이 발생했으며, 그 이후 역사상 가장 심각한 대홍수가 발생하여, 1739명 이상의 사망자와 1만2867명 이상의 부상자가 발생했으며, 15억 달러 이상의 경제적 피해가 발생했다. 2023년 4월에는 태국, 방글라데시, 미얀마, 네팔, 라오스 등 동남아시아 지역의 많은 국가에서 사상 최고 기온을 경신했다(관계부처 합동, 2020; 관계부처 합동, 2021; 관계부처 합동, 2022; 관계부처 합동, 2023; 관계부처 합동, 2024).

아프리카에서는 2019년 사이클론 '이다이'로 모잠비크, 짐바브웨, 말라위 등에 대규모 피해가 발생했고, 동아프리카는 2020년부터 2023년까지 4년간 극심한 가뭄으로 수백만 명이 기아와 영양실조를 겪었다. 2023년에는 오히려 대규모 홍수가 발생하면서 이재민이 급증했다(관계부처 합동, 2020; 관계부처 합동, 2024).

한편, 열대성 저기압은 발생 지역에 따라 태풍, 허리케인, 사이클론 등으로 불리며, 최근 5년간 이들 현상 중 카테고리 4 혹은 5급의 강력한 열대성 저기압 발생이 눈에 띄게 늘고 있다. 사피어-심프슨 등급(Saffir-Simpson Scale)에 따르면, 카테고리 1등급은 나무의 큰 가지가 부러지는 정도의 약간의 피해가 생기는 정도이고, 카테고리 2등급은 뿌리가 얕은 나무가 부러지거나 뿌리가 뽑히는 광범위한 피해가 생기는 정도이며, 카테고리 3등급은 많은 나무가 부러지거나 뿌리가 뽑히며 골조 주택의 지붕이 손상될 수 있는 파괴적인 피해가 생기는 정도이고, 카테고리 4등급은 잘 지어진 주택의 지붕과 외벽 일부가 손실되고 나무와 전봇대가 쓰러지는 재앙적인 피해가 생기는 정도이며, 카테고리 5등급은 공조 주택의 상당수가 파괴되고 지붕과 벽이 무너지는 가장 큰 재앙적인 피해가 생기는 정도로 정의되어 있다(NHC, 2025).

이처럼 전 세계적으로 발생하는 이상기후 현상은 국가적 차원의 대규모 피해로 이어지며, 개인과 사회의 경제적 손실뿐만 아니라 막대한 인명 피해까지 초래하고 있다. 이러한 현상들은 '세계 기상 원인 분석(WWA)'과 같은 기후 과학자들의 모델 분석과 연구를 통해, 인간이 유발한 지구온난화와 그에 따른 기후변화가 원인이라는 사실이 꾸준히 입증되고 있다.

## AI의 시대

기후변화와 함께 최근 몇 년간 전 세계적으로 가장 뜨거운 화두로 떠오른 분야가 있다. 바로 인공지능(AI)이다. AI 기술은 이미 1940년대 개념이 등장하고, 1950년대부터 본격적으로 연구가 시작되었지만, 이론적 한계와 하드웨어 기술의 부족으로 인해 한동안 정체기를 겪었다. 그러나 2000년대 이후, 정보기술(IT) 하드웨어와 인터넷 기술의 발전, 빅데이터와 클라우드 기술의 접목 등을 계기로 AI는 실생활에 본격적으로 적용되기 시작했다(김윤정 · 유병은, 2016). 현재 AI는 그야말로 현대 사회의 가장 중심적인 기술로 자리 잡고 있다.

AI 기술은 3차 · 4차 산업혁명을 거치며 급속도로 발전했으며, 2024년 기준으로 언어 이해, 코딩, 이미지 분류 등 여러 분야에서 인간의 능력을 능가하는 수준에 도달했다. 특히 수학, 생물학, 유전체학, 물리학, 신경과학 등 다양한 분야에서 활용되며 과학적 진보를 가속화하고 있다. 2024년에는 AI가 물리학 및 화학 분야에서 혁신적인 성과를 이루며, 제프리 힌턴(Geoffrey Hinton)과 데미스 허사비스(Demis Hassabis)가 각각 노벨물리학상과 노벨화학상을 수상하기도 했다(이현진, 2024).

AI 산업은 빠르게 성장하고 있다. 2023년 글로벌 AI 시장 규모는 약 5381억 달러에 달했으며, 2032년까지 연평균 19%의 성장률을 기록해 약 2.5조 달러 규모로 확대될 것으로 예측된다(정보통신산업진흥원, 2024). 특히 최근에는 대규모 언어 모델(LLM)과 생성형 AI 분야가 AI 기술의 핵심으로 주목받고 있다. LLM은 방대한 데이터셋을 기반으로 학습한 자연어 처리 모델로, 다양한 문맥에서 인간처럼 자연스럽게 언어를 생성할 수 있다. 생성형 AI는 이러한 LLM을 기반으로 텍스트, 이미지, 오디오 등 다양한 콘텐츠를 자동으로 생성하는 기술로, 오픈AI의 챗GPT 등장 이후 급격히 확산되었다.

현재 AI 기술은 미국의 주요 기업들이 주도하고 있다. 2024년 2월 기준, 마이크로소프트, 알파벳, 엔비디아 등이 대표적이다. 마이크로소프트는 검색엔진 빙에 LLM 기반 생성형 AI를 적용했으며, 워드, 엑셀, 파워포인트 등 마이크로소프트 365 제품군에 비즈니스 데이터와 LLM을 접목한 AI 기능을 통합하고 있다. 알파벳은 '제미나이(Gemini) AI'라는 이름의 생성형 AI를 개발해 서비스를 제공 중이며, 엔비디아는 AI 모델 구축에 필수적인 그래픽 처리 장치(GPU)를 공급하고 있으며, 머신러닝용 GPU 시장의 95% 이상을 점유하고 있다(정보통신산업진흥원, 2024).

AI 기술은 다양한 산업 분야에 적용되고 있다. 법률 분야에서는 문서 작성, 계약서 분석, 판례 검색 등이 자동화되고 있고, 의료 분야에서는 영상 진단, 치료 계획 수립, 신약 개발, 임상 분석 등에 활용되고 있다. 뷰티 산업에서는 개인 맞춤형 제품 추천과 증강현실 기반 가상

체험 서비스 등에 AI가 활용되고 있으며, 금융 분야에서는 자산 관리, 맞춤형 금융 서비스 제공에 이용되고 있다. 제조업에서는 생산 자동화 및 공정 최적화에, 미디어 및 콘텐츠 분야에서는 텍스트, 이미지, 영상, 음성 콘텐츠 생성에, 통·번역 분야에서는 실시간 번역과 다국어 지원에 활용되는 등 AI 기술은 일상 속 다양한 영역으로 확산되고 있다(정보통신산업진흥원, 2024).

이러한 변화 속에서 여러 연구기관은 AI에 관한 다양한 자료와 보고서를 발간하고 있다. 대표적인 예로는 스탠퍼드 인간중심 AI 연구소(HAI)에서 발행하는 'AI 인덱스 보고서(AI Index Report)'가 있다. HAI는 2017년부터 매년 이 보고서를 발간해 AI의 연구 개발, 기술적 성능, 윤리, 경제, 정책 및 거버넌스, 대중 여론 등 여러 측면에서 AI의 현황과 영향을 종합적으로 분석하고 있다.

2023년과 2024년 AI 인덱스 보고서 설문조사에 따르면, AI가 향후 20년 내에 '대체로 도움이 될 것'이라는 응답이 약 39%, '대체로 피해를 줄 것'이라는 응답은 약 28%로 나타났다. AI에 대한 전반적인 인식은 긍정적인 측면이 많았지만, 지역별로는 차이를 보였다. 미국과 유럽 등 서방 국가에서는 부정적 시각이 비교적 강한 반면, 동아시아 국가들은 긍정적인 인식이 우세했다.

AI가 '도움이 될 것'이라는 응답자들은 그 이유로 생활의 편리함, 시간 절약과 같은 효율성을 들었고, '피해를 줄 것'이라고 응답한 이들은 일자리 감소, 디지털 프라이버시 침해 등의 문제를 우려했다. 또 향후 5년 안에 AI가 현재의 일하는 방식을 변화시킬 것이라는 응답은 전체의 57%였으며, 같은 기간 안에 일자리를 대체할 것이라는 응답도 약 36%에 달했다. 세대와 사회적 배경에 따라 인식 차이도 나타났는데, 젊은 세대일수록, 고학력자일수록, 소득이 많을수록 AI의 영향에 동의하는 경향이 뚜렷했다. 특히 최근 가장 널리 활용되고 있는 챗GPT의 경우, 응답자의 약 63%가 그 존재를 인식하고 있으며, 약 53%는 주 1회 이상 이를 사용하고 있는 것으로 나타났다 (Maslej et al., 2023; Maslej et al., 2024).

AI는 이미 우리 삶 속에 깊숙이 스며들어 있으며, 그 영향력은 나날이 커지고 있다. AI가 인간에게 긍정적인 영향만을 미칠지, 혹은 부정적인 결과를 초래할지는 아직 명확하지 않지만, 현대 사회가 AI 기술을 빠르게 받아들이고 활용해 나가고 있다는 것은 분명하다. 결국 중요한 것은, 이 기술을 '어떻게', '어디에' 활용할 것인가에 대한 인간의 선택일 것이다.

## 참고문헌


관계부처 합동(2020). 2019년 이상기후 보고서.

관계부처 합동(2021). 2020년 이상기후 보고서.

관계부처 합동(2022). 2021년 이상기후 보고서.

관계부처 합동(2023). 2022년 이상기후 보고서.

관계부처 합동(2024). 2023년 이상기후 보고서.

국가법령정보센터(2024). 기후위기 대응을 위한 탄소중립 · 녹색성장 기본법. 대한민국 법제처. https://www.law.go.kr/LSW/lsInfoP.do?lsId=014152&ancYnChk=0#0000

김윤정·유병은(2016). 인공지능 기술 발전이 가져올 미래 사회 변화. KISTEP R&D InI.

대한민국 정책브리핑(2021). 2050 탄소중립. https://www.korea.kr/special/policyCurationView.do?newsId=148881562

동아일보(2024.11.11). "2024년, 가장 더운 해…지구온난화 일시적 마지노선 도달". https://www.donga.com/news/Society/article/all/20241111/130405505/1

아주경제(2019.12.17). 기후비상과 기후파업. https://www.ajunews.com/view/20191216112442396

연합뉴스(2019.11.29). 유럽의회, '기후 비상사태' 선언…국제사회 행동 압박. https://www.yna.co.kr/view/AKR20191129001300098

이현진(2024). 2024년 인공지능 글로벌 트렌드. 한국수출입은행.

정보통신산업진흥원(2024). 품목별 ICT 시장동향: 인공지능.

한겨레신문(2024.9.8). 기후위기와 기후붕괴. https://www.hani.co.kr/arti/opinion/column/1157518.html

한국지능정보원(2024). 버티컬 AI로의 변화 및 과제. AI@Data Report.

SK ecoplant(2025.2.14). '1.5℃' 마지노선 넘은 지구 온도, 파장은?. https://news.skecoplant.com/plant-tomorrow/17798/

Science on(2024.2.20). 임계 상승 온도 1.5도, 벌써 깨지고 있다. https://scienceon.kisti.re.kr/srch/selectPORSrchTrend.do?cn=SCTM00255442

Maslej, N., et al.(2023). The AI Index 2023 annual report. AI Index Steering Committee, Institute for Human-Centered AI, Stanford University.

Maslej, N., et al.(2024). The AI Index 2024 annual report. AI Index Steering Committee, Institute for Human-Centered AI, Stanford University.

NHC (2025). Saffir-Simpson Hurricane Wind Scale. National Hurricane Center. https://www.nhc.noaa.gov/aboutsshws.php

The Guardian (2019). 'It's a crisis, not a change': The six Guardian language changes on climate matters. https://www.theguardian.com/environment/2019/oct/16/guardian-language-changes-climate-environment

## 02
# AI 기술의 명과 암

AI 기술은 기후변화 대응에서 기후 예측, 에너지 효율 개선, 재난 관리 등 다양한 가능성을 보여 주며 긍정적인 역할을 하고 있다. 그러나 동시에 막대한 전력 소비와 자원 사용으로 환경에 부정적 영향을 미칠 수 있다는 점에서 양면성을 지닌다. 이에 따라 주요 국가와 국제기구는 AI 기술의 윤리적 활용과 지속 가능한 발전을 위한 규제와 거버넌스 체계를 마련하고 있다. AI의 순기능과 역기능, 그리고 국제사회의 대응을 중심으로 AI와 기후변화의 관계를 다룬다.

AI와 MBTI?

## AI와 기후변화

현대 사회에서 AI 기술은 점차 일상생활 속으로 깊숙이 스며들고 있다. 주변의 디지털 환경은 AI 기술의 경험과 사용을 더욱 손쉽게 만들어 주며, 많은 기업의 연구와 개발을 통해 AI는 인간의 시간과 노력을 줄여 주는 유용한 기술로 진화하고 있다. 챗GPT와 같은 생성형 AI 서비스의 등장으로 AI 기술 활용 경쟁은 더욱 치열해졌고, 사용자들은 일상 속에서 다양한 AI 서비스를 손쉽게 접할 수 있게 되었다.

AI 기술은 인류의 공동 과제를 해결하기 위한 수단으로도 활용되고 있으며, 대표적인 과제 중 하나가 바로 기후변화 대응이다. 영향력 있는 AI 및 머신러닝 분야 학술 콘퍼런스인 신경정보처리시스템(NeurIPS)에서는 현실 문제에 AI를 적용하는 다양한 연구가 논의되며, 최근에는 기후 관련 연구가 급증했다. 실제로 2022년 기준으로 두 번째로 많이 승인된 논문 주제가 기후 관련 AI 연구였다(Maslej et al., 2023).

유엔에 따르면, AI 기술은 기후 예측, 재해 예방, 오염 추적, 탄소 중립 실현, 패션 및 음식 산업 개선 등 다양한 측면에서 기후변화 대응에 도움을 줄 수 있다. AI는 빅데이터를 기반으로 기후 패턴을 모델링하고 예측함으로

써, 지역사회와 국가의 기후변화 대응 전략 수립에 기여할 수 있다. 재해 예방 측면에서도 날씨 예보의 정확도를 높여 재난 위험을 줄이고 있으며, 세계기상기구(WMO)는 이를 바탕으로 '재난 위험 감소 프로그램'을 운영하고 있다. 오염 추적에서는 AI가 취약성 지도를 기반으로 도시 계획 수립, 교통 흐름, 폐기물 관리 등을 개선할 수 있도록 돕는다. 탄소 중립 측면에서는 에너지 자원 관리와 재생에너지 효율 향상에 기여하며, 패션과 음식 산업에서는 낭비를 줄이고 자원 소비를 모니터링하는 등 지속 가능한 생산 공정을 구축하는 데 활용되고 있다(UN News, 2023). 이처럼 AI는 기후변화라는 글로벌 공동 문제에 대응하는 핵심 기술로 활용될 수 있으며, 유엔이 추진하는 지속 가능 발전 목표(SDGs)의 달성에도 기여할 수 있을 것으로 보인다.

한편, AI는 순기능과 역기능을 모두 지닌 양면적인 기술이다. 그 영향력이 크기 때문에 양 측면 모두에서 파급력 또한 매우 클 것으로 예상된다. 알파벳의 최고경영자 순다르 피차이(Sundar Pichai)는 2020년 세계경제포럼에서 AI를 인류가 다루고 있는 가장 영향력 있는 기술 중 하나라고 언급하며, 불이나 전기보다 더 큰 영향을 줄 수 있다고 밝혔다(연합뉴스, 2020). 그는 AI의 안전은 일부 국가의 노력만으로는 확보할 수 없으며, 세계적인 차원의 체계가 필요하다고 강조했다(Business Post, 2020). 2023년에는 AI를 그리스 신화 속 프로메테우스의 불에 비유하며, AI의 잠재적 위험성과 윤리적 개발의 중요성을 다시금 환기시켰다(Fortune Korea, 2023).

AI의 또 다른 이면은 기후변화 대응 과정에서 에너지 소비 및 탄소 배출량이 증가된다는 것과 관련된다. 앞서 언급한 순기능에도 불구하고, AI 모델의 학습과 운영에는 막대한 전기 에너지가 필요하며, 이는 다시 온실가스 배출과 연결될 수 있다.

## AI 기술의 국제적 규제

이처럼 기후변화 대응에 활용 가능한 AI 기술은 다양한 장점을 지니고 있지만, 반대로 기후변화에 부정적인 영향을 미치는 요인으로 작용하기도 한다. 그뿐만 아니라 AI는 기후변화 대응 외에도 다양한 산업에서 폭넓게 활용되고 있으며, 기술의 영향력과 파급력이 큰 만큼 그에 따른 위험성과 단점도 함께 주목받고 있다.

이러한 AI 기술의 양면성이 부각되고, 기술이 빠르게 발전함에 따라 국제 사회에서도 AI 기술에 대한 규제의 필요성이 대두되었다. 미국, 캐나다, 유럽, 중국, 일본 등 주요국들은 국가 차원의 AI 규제 정책을 수립하고 이를 신속하게 추진하고 있다.

미국은 2023년, '안전하고 신뢰할 수 있는 AI 개발 및 활용에 관한 행정명령'을 발표해 AI 기술의 위험성을 통제하고자 했다. 동시에 연방정부와 주요 주 정부에서도 안전하고 책임 있는 AI 기술 개발을 위한 조치를 시행 중이다. 캐나다는 2019년 '디지털 헌장'을 통해 AI와 데이터의 윤리적 사용을 위한 열 가지 원칙을 제시하고, 관련 법안을 의회에 상정했다. 유럽연합은 2024년 8월 세계 최초로 AI 규제 법인 'AI 법'을 입법 완료했다. 이 법은 AI 기술의 위험 수준에 따라 4단계로 분류해 각기 다른 의무를 부여하고 있다. 중국은 5개년 계획을 통해 AI 기술 도입을 추진하고 있으며, 2022년 '인터넷 정보 서비스 알고리즘 추천 관리 규정'과 '생성형 AI 서비스 관리 방안'을 마련해 AI의 윤리적이고 안전한 사용을 촉진하고 있다. 일본은 2024년 'AI 사업자 가이드라인'을 발표하고, 생성형 AI 확산에 대응하기 위한 규제 정책을 수립했다. 또한 내각부 산하 'AI 전략회의'는 2024년 8월부터 법적 강제력을 지닌 'AI 규제법안' 도입을 논의 중이다(KOTRA, 2025).

우리나라도 세계에서 두 번째로 AI 법을 제정했다.

2024년 12월, '인공지능 발전과 신뢰 기반 조성 등에 관한 기본법'을 제정하였고, 이 법에는 생명 · 신체 안전과 기본권에 중대한 영향을 미칠 수 있는 '고영향 AI' 및 생성형 AI의 안전성 확보 방안이 포함되어 있다. 이를 위해 관련 태스크포스가 출범해 '고영향 AI 가이드라인' 초안을 마련 중이다.

한편, 유엔에서도 AI 기술의 국제적 규제를 위한 논의가 본격적으로 시작되었다. 2023년 10월, 유엔 사무총장 안토니우 구테흐스(Antonio Guterres)는 'AI 고위급 자문기구'를 출범시켰다. 이 기구는 정부, 민간, 시민사회 등 다양한 분야의 전문가들로 구성되어 AI의 글로벌 영향력을 분석하고, 국제적인 정책 방향을 제시하는 데 목적이 있다.

해당 자문기구는 2024년 9월, '인류를 위한 AI 거버넌스(Governing AI for Humanity)'라는 제목의 최종 보고서를 발표했으며, 일곱 가지 주요 권고 사항을 제안하였는데, 제안 내용은 'AI에 대한 신뢰할 수 있는 과학적 지식을 제공하는 국제 과학 패널 설립', '유엔에서 정부 간 및 다자 이해관계자 회의를 통해 AI 거버넌스에 대한 새로운 정책 대화 시작', '표준화 기구, 기술 기업, 시민사회 대표들이 참여하는 AI 표준 교환', 'AI 거버넌스 역량을 강화하기 위한 글로벌 AI 역량 개발 네트워크 설립', '글로벌 AI 기금을 통한 역량 및 협력 격차 해소', '데이터 관련 정의, 원칙, 관리 방식을 표준화해 AI 시스템의 투명성과 책임성을 보장하는 글로벌 AI 데이터 프레임워크', '유엔 사무국 내 AI 사무국 설립' 등으로 구성되었다(국가전략정보포털, 2024). 이러한 권고 사항을 바탕으로 향후 국제 패널 설립 및 AI 거버넌스를 위한 글로벌 논의가 활발히 이루어질 것으로 보인다.

또 UN은 2018년 7월, '디지털 협력에 관한 고위급 패널'을 출범시켜 디지털 기술의 위험을 줄이고 지속 가능한 개발과 인권 보호를 위한 논의를 이어 왔다. 그 결과, 2024년 9월 유엔 미래정상회담에서는 '유엔 글로벌 디지털 콤팩트'가 채택되었다. 이 협약은 다음의 다섯 가지 목표와 열세 개 원칙을 담고 있는데, 다섯 가지 목표는 '디지털 격차 해소 및 유엔 지속 가능 발전 목표 촉진', '디지털 경제에서의 포용성 및 혜택 확대', '포용성, 개방성, 안전성과 보안이 유지되고 인권을 보호 및 증진하는 디지털 공간 조성', '책임 있고, 공평하며 상호 운용적인 국제 데이터 거버넌스 증진', '인류를 위한 국제 AI 거버넌스 강화' 등으로 구성되었으며, 열세 개 원칙 중에서도 디지털 기술의 환경적 영향을 최소화하자는 원칙이 포함되어, 지속 가능성과 환경 문제 또한 주요 고려 사항으로 제시되었다(남승현, 2024).

이처럼 국제 사회는 AI 기술의 위험성을 줄이고, 형평성 있는 기준 아래 국가와 인류가 함께 AI를 활용할 수 있는 방안을 모색하고 있다. 아직 법적 효력을 갖춘 강력한 글로벌 기준은 부재하지만, AI 기술의 급속한 성장 속도를 고려할 때 조만간 국제적인 합의가 도출될 가능성이 높다.

## 기후변화 대응의 AI 순기능

기후변화 대응 활동에서 AI는 다양한 방식으로 기여할 수 있다. 우선, AI는 태양광이나 풍력 같은 재생에너지의 효율적인 생산에 활용될 수 있다. 날씨 예측과 발전 효율 분석을 통해 안정적인 에너지 출력 관리가 가능해지고, 설비 운영의 효율을 높이는 데에도 기여할 수 있다. 또 에너지 소비 및 수요 관리를 최적화하고, 교통 시스템의 경로를 효율화함으로써 연료 소비를 줄이는 데에도 활용될 수 있다. AI는 기후 모델링과 예측을 통해 지구온난화 및 기후변화 상황을 이해하는 데 도움을 주며, 자연재해 발생 가능성을 사전에 파악하여 피해를 최소화하는 데에도 활용 가능하다. 또한, 산림 생태계의 건강 상태 모니터링, 불법 벌목 감시, 생물 다양성 보존 등 다양한 생태계 관련 분야에도 AI 기술이 적용되고 있다(염성찬 외, 2024).

AI는 다양한 기술과 융합이 가능하다는 특성을 지니며, 이를 기반으로 여러 산업에 접목할 수 있는 장점이 있다. 기후변화 대응 측면에서 보면, 인지 컴퓨팅, 기계 학습, 딥러닝, 자연어 처리 등의 기술은 컴퓨팅 시스템의 생산성과 처리 속도를 향상해 에너지 효율을 높일 수 있다. 음성 인식, 텍스트 인식, 이미지 및 패턴 인식, 컴퓨터 비전, 지능형 엔지니어링 기술은 작업 프로세스를 간소화하고 에너지 소비를 줄이는 데에도 적용할 수 있다.

로보틱스를 통한 작업 자동화, 추천 시스템, 모방 학습 등도 에너지 절감 효과가 있으며, 이는 곧 온실가스 배출 최소화로 이어질 수 있다. 이 외에도 강화학습, 앙상블 머신러닝, 클러스터 분석 등의 AI 기법은 에너지 수요 예측, 산업별 탄소 배출 분석, 정책 결정 지원 등 다양한 기후변화 대응 전략에 활용 가능하다(홍윤기 외, 2024).

학술 연구 측면에서도 이러한 AI 방법론을 기후변화 대응에 적용하려는 다양한 시도가 이루어지고 있다. 예를 들어, 비 등(Bi et al., 2023)은 3차원 딥러닝 신경망을 활용해 전 지구 중기 기상 예측을 수행했고, 기존 수치 예보보다 최대 1만 배 높은 정확도를 달성했다. 디펜보와 반스(Diffenbaugh & Barnes, 2023)는 다수의 기후 시뮬레이션 데이터를 신경망에 학습시켜, 지구 평균 기온이 1.5℃ 상승하는 시점을 예측하기도 했다.

극한 기상과 온실가스 배출 관련 연구에서는 트록 등(Trok et al., 2024)이 합성곱 신경망을 활용해 지구 온도 상승에 따른 극한 기상 발생 양상을 정량적으로 분석했고, 루지츠카 등(Růžička et al., 2023)은 머신러닝으로 위성 데이터를 분석해 메탄 배출원을 자동 탐지하는 연구를 수행했다. 박 등(Park et al., 2024)은 생성형 AI와 머신러닝을 활용하여 금속 유기 골격체를 이산화탄소 포집 소재로 최적 설계하는 방안을 제시했고, 디그레이브 등(Degrave et al., 2024)은 딥마인드와 함께 심층 강화학습을 활용해 핵융합 장치의 플라스마 형상을 안정적으로 제어하는 기술을 선보였다. 길레스피 등(Gillespie et al., 2024)은 위성 영상과 생물 관측 데이터를 이용해 약 2000종 식물의 분포를 고정밀 지도화하는 딥러닝 모델을 개발했다.

AI 기술의 실제 적용 사례도 다양하게 확인되고 있다. 국제전기통신연합(ITU)의 《선한 목적을 위한 인공지능

: 임팩트를 위한 혁신(AI for Good: Innovate for Impact)》 보고서에서는 전 세계적으로 수집된 AI 활용 사례 중 대표적 53건을 선정했으며, 이 중 지속 가능 발전 목표 13번 목표인 기후변화 대응과 관련된 사례가 8건으로 나타났다. 다만 기후변화는 매우 광범위한 주제이기 때문에, 다른 지속 가능 발전 목표와 간접적으로 연결된 사례까지 고려하면 더 많은 사례가 기후 대응과 관련이 있다.

국제전기통신연합의 또 다른 보고서 《유엔의 인공지능 관련 활동(United Nations Activities on Artificial Intelligence)》에 따르면, 유엔이 수행 중인 AI 적용 활동 중 총 408건 중 110건이 기후변화 대응과 관련되어 있었다(ITU, 2024). 이는 AI 기술이 실제로도 다양한 방식으로 기후변화 대응에 실질적인 도움을 주고 있다는 점을 보여 준다.

## 기후변화 대응의 AI 역기능

앞서 살펴본 바와 같이, AI 기술은 기후변화 대응을 위한 다양한 활동에 활용되어 긍정적인 효과를 낼 수 있다. 그러나 반대로, AI 기술은 기후변화에 악영향을 미치는 요인이 되기도 한다.

AI는 대규모 데이터를 빠르게 처리하고, 예측·분류·최적화·군집화 등의 분석 작업을 효율적으로 수행할 수 있다. 하지만 이러한 성능을 구현하기 위해서는 상당한 양의 에너지가 필요하며, 이는 주로 컴퓨팅 장비, 모델 학습, 운영 과정 등에서 발생한다.

우선, AI 기술을 활용하기 위해서는 그래픽 처리 장치(GPU), 애플리케이션 특화 집적회로(ASIC) 등 고성능 컴퓨팅 장비가 필요하다. 또 대규모 AI 모델을 학습시키기 위해서는 서버뿐 아니라 경우에 따라 슈퍼컴퓨터의 사용도 필요하다. AI 기술에 대한 글로벌 투자액은 2013년 대비 2023년 10배 이상 증가했고, 생성형 AI 시장은 2020년부터 2030년까지 연평균 약 43%의 성장률을 기록할 것으로 예상된다(KOTRA, 2025). AI 산업이 빠르게 성장하면서 그래픽 처리 장치, AI 칩, 서버 등 관련 장비에 대한 수요도 함께 급증하고 있다.

이러한 장비들은 구리, 실리콘 등 다양한 천연자원을 필요로 하며, 제작·운영·폐기 전 과정에서 에너지가 소비된다(임종서 외, 2024). 결국 AI 기술을 활용하는 데 드는 자원 소비는 에너지 생산과 온실가스 배출로 이어지고, 이는 기후변화 악화의 한 원인이 될 수 있다.

또 AI 모델의 학습과 운영에는 막대한 전력과 시간이

소요된다. 예를 들어, 2024년 기준 가장 빠른 AI 중 하나인 제미나이 1.0 울트라(Gemini 1.0 Ultra)는 언어 모델을 한 번 학습하는 데 55일이 걸리며, 이 과정에서 약 51GWh의 전력이 소모된다. 이는 한국 기준으로 약 1만 5000가구가 1년 동안 사용하는 전기량에 해당한다. 이는 모델 학습에 사용된 컴퓨터 본체만 고려한 수치이며, 실제로는 냉방 시스템, 통신 장비, 저장 장치 등 주변 설비까지 포함하면 약 85GWh의 전력이 필요하다(박훈, 2024). 이처럼 여러 AI 모델이 동시에 반복적으로 학습되고 운영될 경우, 전력 소비량은 기하급수적으로 증가할 수 있다.

AI 기술의 활용과 관련하여 또 하나 주목할 점은 데이터센터의 에너지 소비다. 대량의 연산과 데이터 저장이 필요한 AI 기술의 특성상, 많은 기업은 데이터센터를 운영하여 인프라를 확보하고 있다. 국제에너지기구(IEA)에 따르면, 데이터센터의 전력 소비는 매년 20~40%씩 증가하고 있으며, 2022년 기준 전 세계 데이터센터의 전력 소비량은 약 240TWh~340TWh에 달했다. 이는 전 세계 전력 수요의 약 1%~1.3%에 해당하는 수치다(염성찬 외, 2024).

전 세계 데이터 처리량은 2010년부터 2025년까지 연평균 35%씩 증가해 왔으며, 이에 따라 글로벌 빅테크 기업들은 데이터센터 구축에 박차를 가하고 있다(KOTRA, 2025). 이로 인해 향후에도 AI 기술 활용을 위한 에너지 수요는 계속 증가할 것으로 보인다.

스탠퍼드대학교의 《AI 지수 보고서 2023(AI Index Report 2023)》과 마슬레이 등(Maslej et al., 2023)의 연구에 따르면, AI 시스템의 탄소 배출량은 표준화된 산정 방식은 없지만, 모델의 파라미터 수, 전력 사용 효율성(PUE), 전력망의 탄소 강도 등에 따라 달라질 수 있다. 예를 들어, 빅사이언스(BigScience) 프로젝트에서 개발한 LLM 모델인 블룸(BLOOM)은 학습 과정에서 평균 미국인의 연간 탄소 배출량의 약 1.4배에 달하는 이산화탄소를 배출한 것으로 나타났다. 이는 뉴욕에서 샌프란시스코까지의 왕복 항공편 한 명당 배출량의 약 25배에 해당한다. 또 오픈AI의 GPT-3 모델은 블룸보다 약 20.1배 더 많은 탄소를 배출하는 것으로 분석되었다(Maslej et al., 2023; Luccioni et al., 2022).

이와 함께 데이터센터는 냉각을 위한 담수 사용이 필수다. 데이터센터 내 서버의 발열을 억제하기 위해 박테리아나 불순물이 제거된 순수한 물이 사용된다. 글로벌 물 산업 분석기관인 블루필드 리서치는 2022년 기준 전 세계 데이터센터의 물 사용량을 약 17억 리터로 추정했으며, 2030년에는 인터넷 사용자 1인당 연간 약 3리터의 물을 소비할 것으로 전망했다(염성찬 외, 2024). 이는 인류의 식수 문제와도 직결되는 이슈이며, 기후변화 대응 활동 중에서도 중요한 수자원 문제와도 맞물려 있다.

## 참고문헌


국가전략정보포털(2024). Governing AI for humanity(인류를 위한 AI 관리).
https://nsp.nanet.go.kr/plan/subject/detail.do?nationalPlanControlNo=PLAN0000048571

남승현(2024). 유엔에서의 인공지능과 디지털 거버넌스 논의 현황 및 시사점. 국립외교원 외교안보연구소, IFANS 주요국제문제분석 2024-32.

박훈(2024). 인공지능 발전에 따른 기후변화 대응: 도전과 기회. 《동향과 전망》, 122, 42-68.

연합뉴스(2020.1.23). 피차이 구글 CEO "인공지능, 불·전기보다 영향력 더 심대해".
https://www.yna.co.kr/view/AKR20200123006000091

염성찬 외(2024). 탄소중립을 위한 인공지능, 그린 AI(Green AI)의 역할. 국가녹색기술연구소, 《Greenovation I&I》, 2024년, 제4호.

임종서 외(2024). 인공지능을 통한 탄소중립 달성 효율화, 글로벌 동향과 우리나라의 과제는?. 국가녹색기술연구소, 《Greenovation I&I》, 2024년, 제8호.

홍윤기 외(2024.9.25). 인공지능을 통한 기후변화 대응 연구.

한국통신학회 인공지능 학술대회 논문집, 제주.
Business post(2020.1.23). 구글 CEO 순다르 피차이 "인공지능이 불과 전기보다 더 큰 영향력". https://www.businesspost.co.kr/BP?command=article_view&num=160837
Fortune korea(2023.4.18). 알파벳 CEO "AI 기술은 '프로메테우스의 불'". https://www.fortunekorea.co.kr/news/articleView.html?idxno=27482
KOTRA(2025). AI 시장의 부상: 수출 기회의 새로운 장.
Bi, K., et al.(2023). Accurate medium-range global weather forecasting with 3D neural networks. *Nature*, 619, 533 – 538. https://doi.org/10.1038/s41586-023-06185-3
Degrave, J., et al.(2024). Magnetic control of tokamak plasmas through deep reinforcement learning. *Nature*, 602, 414 – 419. https://doi.org/10.1038/s41586-021-04301-9
Diffenbaugh, N. S., & Barnes, E. A.(2023). Data-driven predictions of the time remaining until critical global warming thresholds are reached. Proceedings of the National Academy of Sciences, 120(6), e2207183120. https://doi.org/10.1073/pnas.2207183120
Gillespie, L. E., et al.(2024). Deep learning models map rapid plant species changes from citizen science and remote sensing data. Proceedings of the National Academy of Sciences of the United States of America, 121(37), e2318296121. https://doi.org/10.1073/pnas.2318296121
ITU(2024). AI for Good Impact Report.
Luccioni, A.S., et al.(2022). Estimating the Carbon Footprint of BLOOM, a 176B Parameter Language Model. J. Mach.

Learn. Res., 24, 253:1–253:15.

Maslej, N., et al.(2023). The AI Index 2023 annual report. AI Index Steering Committee, Institute for Human–Centered AI, Stanford University.

Park, H., et al.(2024). A generative artificial intelligence framework based on a molecular diffusion model for the design of metal–organic frameworks for carbon capture. *Communications Chemistry*, 7(21). https://doi.org/10.1038/s42004-023-01090-2

Růžička, V., et al.(2023). Semantic segmentation of methane plumes with hyperspectral machine learning models. *Scientific Reports*, 13, 19999. https://doi.org/10.1038/s41598-023-44918-6

Trok, J. T., et al.(2024). Machine learning–based extreme event attribution. *Science Advances*, 10, eadl3242. https://doi.org/10.1126/sciadv.adl3242

UN News(2023). Explainer: How AI helps combat climate change. https://news.un.org/en/story/2023/11/1143187

## 03
# 기후변화 대응을 위한 정책과 기술

기후변화 대응은 전 세계적 문제이며, 각국은 탄소 중립 목표를 설정하고 정책과 기술 개발을 추진 중이다. EU, 미국, 일본, 중국, 한국의 주요 정책과 환경 기술·녹색 기술·기후 기술 등 기후변화 대응을 위한 기술의 개념과 분류 체계를 정리한다.

AI와 난임 극복?

## 기후변화 대응을 위한 주요 정책

지구온난화와 기후변화가 심각해짐에 따라 국제 사회는 기술 개발과 정책 추진에 박차를 가하고 있다. 파리협정 이후 196개 당사국 모두 온실가스 감축 의무를 이행하고 있으며, 2021년 기준으로 탄소 중립을 법제화한 국가는 14개국에 이른다(최효식, 2022). 이에 따라 각국은 점차 다양한 기후변화 대응 정책을 수립하고 이행해 나가고 있다.

유럽연합은 2007년 '2020 기후와 에너지 패키지'를 통해 2050년까지 1990년 대비 최소 50% 이상의 온실가스 감축 목표를 제시했다. 이어 2014년에는 '2030 기후 에너지 정책 기본 틀'을 발표하여 배출권 거래제(ETS) 강화, 에너지 효율성 27% 개선, 재생에너지 27% 확대를 주요 과제로 설정했다. 2019년에는 '유럽 그린딜'을 통해 2050년까지 유럽을 탄소 중립 대륙으로 전환하겠다는 목표를 세웠으며, 2030년 국가 결정 기여(NDC) 상향, 에너지 공급의 안전성과 저렴성 확보, 순환 경제 촉진, 건물 에너지 효율화, 오염 제로 환경 조성, 생태계 보전 및 복원, 지속 가능한 식품 시스템 구축, 스마트 수송 체계 구축 등의 전략 방향과 함께 약 1조 유로 투자를 계획했다. 2021년에는 '유럽 기후법'을 제정하여 2030년 감축 목표와

2050년 탄소 중립 목표에 법적 구속력을 부여했으며, 같은 해 발표된 '피트 포 55 패키지(Fit for 55 Package)'에서는 배출권 거래제 확대, 탄소국경조정제도(CBAM) 도입, 항공 · 해운 분야 친환경 연료 보급, 공정한 전환 지원, 전략 기술 자립화 등을 포함했다(유연철, 2024). 특히 탄소국경조정제도는 철강, 알루미늄, 시멘트, 비료, 전력, 수소 등 여섯 개 품목에 대해 유럽연합 수출국이 탄소 배출량에 상응하는 인증서를 구매하도록 의무화하며, 2026년부터 본격 시행될 예정이다(KOTRA, 2023).

미국은 정권 변화에 따라 기후 정책의 방향이 크게 달라졌다. 2016년 버락 오바마 대통령은 파리협정에 가입했으나, 2020년 도널드 트럼프 행정부는 공식 탈퇴했다. 이후 2021년 조 바이든 대통령이 취임하면서 미국은 다시 파리협정에 재가입했지만, 2025년 트럼프 대통령이 재취임하며 다시 탈퇴를 선언했다. 다만 바이든 행정부 시절 제정된 주요 법안들은 여전히 유지되고 있다. 미국의 기후변화 대응 주요 법안으로는 2021년 '기반시설투자 및 일자리법(IIJA)'과 2022년 '인플레이션 감축법(IRA)'이 있다. 기반시설투자 및 일자리법은 도로, 공항, 항만, 전력망, 고속 인터넷망 등을 포함한 인프라 재건을 위해 2026년까지 1.2조 달러를 투자하는 법안으로, 배기가스 감축과 인프라 회복력을 고려하여 설계되었다(이찬영, 2022; 최효식, 2022). 인플레이션 감축법은 최저 법인세 도입과 세수 확보를 통해 마련한 재원을 기반으로 에너지 안보 강화와 기후변화 대응에 총 3690억 달러를 투자하는 내용을 포함하고 있으며, 탈탄소화, 소외 지역 투자, 농촌 및 산림 투자 등도 주요 목표로 하고 있다(김준희 · 정수나, 2024).

일본은 2020년 2050년까지 탄소중립을 달성하겠다고 선언하고 '그린성장전략'을 수립했다(강명수, 2022). 2021년 '지구온난화 대책 추진법'을 개정하여 2050년 온실가스 순배출 제로 목표를 명문화했으며(한국에너지기술연구원, 2021), 약 1813억 달러 규모의 탈탄소 이행 금융 지원책도 마련했다(최효식, 2022). 2023년에는 'GX(Green Transformation) 추진 전략'을 발표하고, 안정적인 에너지 확보, 성장 지향형 탄소 가격제 도입, 국제협력 강화, 사회 전반의 GX 추진 등을 포함한 150조 엔 규모의 투자 계획을 수립했다. GX 추진 전략은 재생에너지, 원자력, 수소 · 암모니아, 카본 리사이클 연료, 탄소 포집 · 활용 · 저장(CCUS)와 같은 에너지 공급 부문과 에너지 효율화, 제조업 탈탄소화, 디지털 전환 투자 등을 포괄하고 있다(이보람 · 손원주, 2023).

중국은 2023년 기준 세계 최대 온실가스 배출국으로, 기후변화 대응을 위한 정책 강화에 나서고 있다. 공업화와 도시화로 에너지 소비와 온실가스 배출이 급증했으며, 2022년 전체 배출량 중 약 83%가 에너지 부문에서 발생했다(오종혁 · 이효진, 2022). 2020년 시진핑 주석은 UN 총회에서 '30 · 60 쌍탄소 추진 전략'을 발표하여, 2030년까지 탄소 배출 정점 도달과 2060년까지 탄소 중립을 달성하겠다는 목표를 제시했다. 이를 위해 비화석에너지원 비율을 2060년까지 80%로 확대하고, 2030년까지 풍력 · 태양광 설비 용량을 1200GW 이상으로 늘리는 등 다양한 정책을 추진하고 있다. 아울러 CCUS, 바이오에너지 탄소 포집 · 저장(BECCS), 수소 에너지 기술 개발과 상용화를 목표로 설정하고 있다(최효식, 2022).

우리나라는 2001년 '기후변화협약대책위원회'를 구성하여 기후변화 대응 종합 대책을 마련하고, 2009년 '녹색성장위원회'를 통해 관련 정책을 심화했다. 2010년에는 '저탄소 녹색성장 기본법'을 제정하여 녹색성장 전략을 체계화했으며, 이후 5년 주기로 '녹색성장 기본계획', '기후변화대응 기본계획', '에너지 기본계획' 등을 수립해 왔다(대한민국정부, 2020). 2020년, '2050년 탄소 중립 비전 선언' 이후, 2021년 '기후위기 대응을 위한 탄소중립 · 녹색성장 기본법'을 제정하고 '2050 탄소중립 시나리오'를 수립했으며, 2023년에는 '탄소중립 · 녹색성장 국가전략 및 제1차 국가 기본계획'을 발표했다. 이 계획은 2030년까지 2018년 대비 온실가스 40% 감축을 목표로 하며, 전환, 산업, 건물, 수송, 농축수산, 폐기물, 수소, 흡수원, CCUS, 국제감축 등 열 개 부문의 감축 정책과 기후 위기 적응, 녹색 성장, 정의로운 전환, 지역 주도, 인력 양성 · 인식 제고, 국제 협력 등 여섯 개 이행 기반 강화 정책으로 구성되어 있다(관계부처 합동, 2023).

## 기후변화 대응을 위한 주요 기술 분야

인류는 무분별한 화석연료와 에너지 사용으로 인해 지구온난화와 기후변화를 초래했고, 이로 인한 피해는 점점 더 심각해지고 있다. 아이러니하게도, 인류는 이제 이러한 문제를 극복하고 대응하기 위해 다시 기술에 의존하고 있다.

기후변화 대응 기술은 '환경 기술(Environmental Technology)', '녹색 기술(Green Technology)', '기후 기술(Climate Technology)' 등 다양한 명칭으로 불리고 있으며, 각 용어는 약간씩 의미와 범위가 다르지만 모두 기후변화 대응을 위한 기술 범주에 포함된다. 국가나 기관에 따라 용어 사용과 기술 정의에 차이가 있지만, 본 글에서는 우리나라의 기준을 중심으로 이들 기술을 정리한다.

환경 기술에 대한 정의는 '환경기술 및 환경산업 지원법'에서 그 의미를 정의하고 있다. 해당 법에서 환경 기술은 '환경의 자정능력을 향상시키고 사람과 자연에 대한 환경피해 유발 요인을 억제 · 제거하는 기술로서 환경오염을 사전에 예방 또는 감소시키거나 오염 및 훼손된 환경을 복원하는 등 환경의 보전과 관리에 필요한 기술'로 정의하고 있으며, 환경오염 물질을 '대기환경보전법'에 따른 대기오염 물질, '악취방지법'에 따른 악취, '실내공기질 관리법'에 따른 오염 물질, '물환경보전법'에 따른 수질오염 물질, '토양환경보전법'에 따른 토양오염 물질 및 폐기물 등으로 정의하고 있다(국가법령정보센터, 2022).

환경 기술은 해당 법 하위 '환경기술개발사업 운영규정'을 통해 기술을 분류하고 있으며, 크게 공기 질 관리, 물 관리, 토양 · 지하수 관리, 자원 순환 관리, 자연환경 보전, 환경 보건, 기후 환경 변화의 대분류로 나누어지고, 일곱 개 대분류 아래 중분류, 소분류, 세분류, 세세분류를 나누고 있다(국가법령정보센터, 2024a). 환경 기술의 중분류 이하 세부 내용들을 살펴보면, 취수 기술, 수자원 관리 기술, 하천 · 습지 생태계 관리 기술, 도시 생태계 관리 기술, 도서 · 연안 · 기타 생태계 관리 기술, 기후 환경 변화 모니터링 및 예측 기술, 기후 환경 변화 완화 기술, 기후 환경 변화 적응 기술, 기후 환경 변화 대응 정책 지원 기술 등의 분야에서 기후변화와 관련된 내용이 반영되어 있는 것을 알 수 있다.

녹색 기술은 현재 우리나라의 기후변화 대응과 관련하여 기본법으로 제정되어 있는 '기후위기 대응을 위한 탄소중립 · 녹색성장 기본법'에서 정의를 찾아볼 수 있으며, 녹색기술은 기후변화 대응 기술, 에너지 이용 효율화 기술, 청정 생산기술, 신 · 재생에너지 기술, 자원 순환 및 친환경 기술 등 사회 · 경제 활동의 전 과정에 걸쳐 화석 에너지의 사용을 대체하고 에너지와 자원을 효율적으로 사용하여 탄소 중립을 이루고 녹색 성장을 촉진하기 위한 기술이라고 정의되어 있다(국가법령정보센터, 2024b).

녹색 기술의 분류는 2009년 '녹색기술 연구개발 종합대책' 수립을 통해 처음 만들었으며, 초창기 녹색 기술 분류는 당시의 핵심 원천 기술을 중심으로 27개 중점 기술로 구성되었다(대통령기록관, 2025). 초기 녹색기술의 27대 분류는 2015년 시대에 맞는 기술로 범위를 조정하여 52대 녹색기술 분야를 재정의되었으며, 27대와 52대의 녹색기술 분류 체계는 크게 기후변화 대응 및 적응, 환경 보전 및 관리, 온실가스 감축 등의 세 개 분야로 구분할 수 있는 내용이다. 이러한 내용을 토대로 국가녹색기술연구소에서는 기술 관점의 녹색산업 분류 체계를 정리하였는데, 녹색산업 분류 체계는 기타 부문을 제외하고 36개 항목으로 구성되어 있으며, 대분류는 크게 환경 보전 관리, 오염 저감 개선, 자원 효율화, 에너지 효율화, 청정 에너지로 구분되어 있고, 대분류 하위 15개 중분류와 36개 세부 항목으로 구성되어 있다(박환일 외, 2015). 녹색기술은 녹색인증의 과정에서도 별도의 분류 체계로 구분이 되어있는데, 녹색인증은 '기후위기 대응을 위한 탄소중립 · 녹색성장 기본법'을 토대로 유망한 녹색기술을 인증하는 제도다. 녹색인증 제도에서 구분하고 있는 녹색기술은 크게 신 · 재생에너지, 탄소 저감, 첨단 수자원, 그린 IT(Green IT), 그린 차량 · 선박 · 수송 기계, 첨단 그린 주택 · 도시, 신소재, 청정 생산, 친환경 농수산식품 및 시스템, 환경보호 및 보전의 열 개 분야로 분류되어 있으며, 10개 분류 하위에 93개 중분류와 430개 소분류 및 2018개 핵심 기술로 구분되어 있다(녹색인증, 2025). 또 환경부는 2021년부터 2022년까지 녹색 경제 활동을 정의할 수 있는 한국형 녹색 분류 체계(K-Taxonomy)를 발표하였으며, 탄소 중립 및 환경 개선에 기여하는 경제 활동인 '녹색 부문'과 탄소 중립으로 전환하기 위한 중간 과정의 경제 활동인 '전환 부문'으로 구성되어 있고, 총 67개의 녹색 부문과 7개의 전환 부문으로 구성되어 있다. 한국형 녹색 분류 체계는 온실가스 감축, 기후변화 적응, 물의 지속 가능한 보전, 순환 경제로의 전환, 오염 방지 및 관리, 생물 다양성 보전의 여섯 가지 목표를 기반으로 구성되어 있으며, 녹색 경제 활동은 최소 한 가지 이상의 목표에 기여하고, 목표 달성 과정에서 다른 환경 목표에 심각한 피해를 주지 않으며, 인권과 노동 및 안전 등 최소한의 보호 장치를 준수하는 등의 세 가지 원칙을 준수하도록 정의했다(환경부, 2022).

기후 기술에 대한 분류 체계는 2008년 구 교육과학기술부에서 '기후변화 대응 국가연구개발 중장기 마스터플랜'을 수립하여 기본적인 틀을 수립하였으며, 크게 화석연료 대체, 에너지 효율화, 온실가스 처리, 기후변화 관측 및 예측, 영향 평가 및 적응의 대분류와 함께 30개의 세부 기술로 구성되었다. 2016년 정부는 기후변화 관련 13개 부처의 연구 개발 진행 상황을 관리하기 위하여

'기후변화대응기술 확보로드맵'을 발표하였고, 탄소 저감, 탄소 자원화, 기후변화 적응의 큰 틀 안에서 10대 기후 기술 분야와 50개 세부 기술군을 도출하여 정부 연구개발 투자 현황 관리를 계획했다. 그 후, 2016년 국가녹색기술연구소는 연구 결과를 토대로 새로운 기후 기술 분류 체계를 발표하였는데, 기후변화에 관한 정부간 협의체, 국제재생에너지기구, 세계지식재산기구, 에너지 및 자원 연구소 등의 기관과 조직에서 제시하는 기후변화 대응의 200여 개의 기술 분류와 선행 연구를 검토하고, 이를 토대로 감축, 적응 및 감축 적응 융 · 복합의 틀 안에서 기후 기술 분류 체계를 수립했다. 감축과 적응의 의미는 기후변화에 관한 정부 간 협의체의 용어집에서의 정의를 기반으로 검토되었으며, 기후변화에 관한 정부 간 협의체 용어집에 따르면 감축은 '자원의 활용을 줄이기 위한 인류의 조정 활동 또는 온실가스의 흡수원을 증대하는 것'으로 정의되고, 적응은 '기후변화로 인한 위험을 조절하거나 이익이 되는 기회를 활용하기 위해서, 인간 시스템과 자연 시스템에서 기후변화로 인하여 실제 발생하거나 예상되는 영향에 대한 조절을 진행하는 과정'으로 정의된다. 이를 통해 기후 기술 분류 체계는 감축, 적응, 감축 적응 융 · 복합의 대분류 아래 비재생에너지, 재생에너지, 신에너지, 에너지 저장, 송배전 · 전력 IT, 에너지 수요, 온실가스 고정, 농업 · 축산, 물, 기후변화 예측 및 모니터링, 해양 · 수산 · 연안, 건강, 산림 · 육상, 다분야 중첩의 14개 중분류를 구성하였고, 중분류 하위에 총 45개의 기술 범위를 구분했다(유진석 외, 2016).

현재 기후 기술의 정의는 '기후위기 대응을 위한 탄소중립 · 녹색성장 기본법' 내용을 바탕으로 '기후변화대응 기술개발 촉진법'과 '기후변화대응 기술개발 촉진법 시행규칙'에서 찾아볼 수 있으며, 과학기술정보통신부령으로 정하는 '온실가스 감축 기술'과 '기후변화 적응 기술'로 구성되어 있다. 기후변화대응 기술개발 촉진법에는 온실가스 감축을 '온실가스의 배출을 줄이거나 온실가스를 흡수하는 활동'으로 정의하고 있으며, 기후변화 적응을 '현재 나타나고 있거나 미래에 나타날 것으로 예상되는 기후변화의 부정적인 영향을 최소화하거나 기후변화를 유익한 기회로 촉진하는 활동'으로 정의하고 있다.

기후기술의 세부 내용은 2022년 법령 고시를 통해 정의되었으며, 온실가스 감축 기술은 크게 '온실가스를 배출하지 않거나 기존보다 적게 배출하면서 열 또는 전기를 생산하는 기술', '온실가스 배출을 줄일 수 있는 연료 · 원료 또는 제품을 생산 · 운송 · 활용하는 기술', '에너지의 생산 · 저장 · 전달 · 소비 효율을 향상시키거나 에너지 사용을 최적화하는 기술', '온실가스를 포집 · 저장 · 활용 등의 방식으로 처리하거나 흡수 또는 대체하는 기술', '제1호부터 제4호까지의 기술 중 둘 이상의 기술을 융합하여 에너지를 생산 · 저장 · 전달 · 소비하는 기술'로 구분되어 있다. 해당 온실가스 감축 세부 기술은 태양광, 태양열, 풍력, 해양 에너지, 수력, 수열, 지열, 바이오 에너지, 수소 · 암모니아, 석탄액화 · 가스화, 원자력, 핵융합 에너지, 수소, 바이오매스, 폐자원, 발전 효율, 산업 효율, 수송 효율, 건물 효율, 이산화탄소 포집 · 저장 · 활용, 메탄 처리, 기타 온실가스 처리 및 대체, 탄소흡수원, 전력 통합, 열 통합, 전력-비전력 부문 간 결합 기술 등으로 구성되어 있다. 기후변화 적응 기술은 크게 '기후변화의 원인과 현상을 관측 · 조사하여 기후변화를 감시하고 예측하는 기술', '기후변화가 국민 건강이나 산업, 생활환경 등 사회 · 경제 · 환경에 미치는 긍정적 · 부정적 영향에 해당하는 사항을 조사 · 분석 · 진단하는 기술', '기후변화에 대한 취약성과 그에 따른 위험성에 해당하는 사항을 조사 · 분석 · 진단하는 기술', '기후변화로 인한 피해를 줄이거나 사전에 예방하여 기후변화 적응 역량을 높이고 기후변화로 인한 피해로부터 회복할 수 있는 기후 탄력성을 강화하는 기술', '기후변화 적응 관련 정책이나 기술의 진척 및 효과를 분석 · 평가하는 기술'로 구분되어 있다. 해당 기후변화 적응 세부기술은 기후변화 감시 및 진단, 기후변화 예측, 기후변화 영향 평가, 기후변화 취약성 및 위험성 평가, 건강 부문, 물 부문, 국토 · 연안 부문, 농축수산 부문, 산림 · 생태계 부문, 산업 · 에너지 부문, 적응 조치의 효과 평가, 기후변화 적응 기반 기술 등으로 구성되어 있다(국가법령정보센터, 2021).

또 대통령 직속 2050 탄소중립녹색성장위원회는 2023년 기후 테크 발전 방안에 대한 토론 회의와 함께 보도자료를 통해 기후 테크의 개념을 발표했다. 기후 테크(Climate Technology)의 정의는 수익을 창출하면서 온실가스 감축과 기후 적응에 기여하는 모든 혁신 기술을 의미하며, 크게 클린 테크(Clean Tech), 카본 테크(Carbon Tech), 에코 테크(Eco Tech), 푸드 테크(Food Tech), 지오 테크(Geo Tech) 등의 다섯 개 분야로 구분했다. 세부적으로 클린 테크는 재생 · 대체 에너지 생산 및 분산화 솔루션을 제공하는 분야이며, 재생에너지 생산, 에너지 저장 장치(ESS), AI 활용 에너지 효율화, 수소, 핵융합, 원전 등을 포함하도록 정의되어 있다. 카본 테크는 공기 중 탄소 포집 · 저장 및 감축 기술을 개발하는 분야이며, CCUS, 제조업 공정 개선, 발전소 포집 장치, 도심 포집 부스, 전기차 등을 포함하도록 정의되어 있다. 에코 테크는 자원 순환, 저탄소 원료 및 친환경 제품을 개발하는 분야이며, 자원 재활용, 에너지 회수, 폐기물 관리시스템, 친환경 생활 소비 제품 등을 포함하도록 정의되어 있다. 푸드 테크는 식품 생산 · 소비 및 작물 재배 과정 중 탄소 감축을 추진하는 분야이며, 농축산 분야 탄소 저감을 위한 대체육, 대체 농업, 친환경 포장, 스마트팜 등을 포함하도록 정의되어 있다. 지오 테크는 탄소 관측 · 모니터링 및 기상 정보를 활용하여 사업화하는 분야이며, 위성 탄소 관측, 기후 감시 · 예측, 재난 방지 시설 · 시스템, 기후 · 탄소 데이터 컨설팅, 녹색 금융, 블록체인 등을 포함하도록 정의되어 있다(2050 탄소중립녹색성장위원회, 2023).

한편, 정부는 대통령 직속 국가과학기술자문회의 산하의 특별위원회 중 하나로 탄소중립기술특별위원회를 구성하였는데, 2023년 과학기술정보통신부는 탄소중립기술특별위원회 제7회 회의 개최를 통해 '한국형 탄소중립 100대 핵심기술' 선정(안)을 발표했다. 한국형 탄소 중립 100대 핵심기술은 국내 상황을 고려한 우리나라 탄소 중립 실현을 위한 기술을 선별한 것이며, 세계 최고 수준 기술력을 보유하여 선두를 유지해야 하는 초격차 기술 9개와 세계적으로 기술 개발 초기 단계인 신격차 기술 39개, 선도국과 다소 기술 수준 격차가 있는 감격차 기술 52개로 구성되었다. 100대 핵심 기술은 크게 17개 분야로 구성되어 있는데, 에너지 전환과 관련된 8개 분야의 35개 기술, 산업과 관련된 5개 분야의 44개 기술, 수송 · 교통과 관련된 2개 분야의 13개 기술, 건물 · 환경과 관련된 2개 분야의 8개 기술로 구성되어 있다. 에너지 전환 관련 기술 분야는 태양광, 풍력, 수소 공급, 무탄소 전력 공급, 전력 저장, 전력망, 원자력 분야로 구성되어 있고, 산업 관련 기술 분야는 철강, 석유화학, 시멘트, CCUS, 산업 일반 분야로 구성되어 있으며, 수송 · 교통 관련 기술 분야는 친환경 자동차, 탄소 중립 선박 분야로 구성되어 있고, 건물 · 환경 관련 기술 분야는 제로에너지 건물, 환경 분야로 구성되어 있다(과학기술정보통신부, 2023).

## 참고문헌

강명수(2022). 2050 탄소중립 실현을 위한 일본의 국토·도시 탄소중립 정책. 국토연구원, 《국토이슈리포트》 제53호.

과학기술정보통신부(2023). 한국형 탄소중립 100대 핵심기술 확정 본격적인 탄소중립 기술개발 청사진 제시.

관계부처 합동(2023). 탄소중립·녹색성장 국가전략 및 제1차 국가 기본계획(중장기 온실가스 감축목표 포함).

국가법령정보센터(2021). 기후변화대응 기술개발 촉진법 시행규칙. 대한민국 법제처.
https://www.law.go.kr/LSW/lsInfoP.do?lsiSeq=236451#J8452453

국가법령정보센터(2022). 환경기술 및 환경산업 지원법. 대한민국 법제처.
https://www.law.go.kr/LSW/lsLinkProc.do?lsNm=%ED%99%98%EA%B2%BD%EA%B8%B0%EC%88%A0%20%EB%B0%8F%20%ED%99%98%EA%B2%BD%EC%82%B0%EC%97%85%20%EC%A7%80%EC%9B%90%EB%B2%95&chrClsCd=010202&mode=20#

국가법령정보센터(2024a). 환경기술개발사업 운영규정. 대한민국 법제처.
https://www.law.go.kr/LSW/admRulLsInfoP.do?admRulId=33680&efYd=0#J2941471

국가법령정보센터(2024b). 기후위기 대응을 위한 탄소중립 · 녹색성장 기본법. 대한민국 법제처.
https://www.law.go.kr/LSW/lsInfoP.do?lsId=014152&ancYnChk=0#0000

김준희·정수나(2024). 《친환경 산업의 미국 진출을 위한 인플레이션 감축법 활용 가이드북》. 대한무역투자진흥공사.

녹색인증(2025). 녹색기술요약. 한국산업기술진흥원.
https://www.greencertif.or.kr/ptl/tClassificationC/form.do
대통령기록관(2025). 27대 중점기술. 행정안전부 대통령기록관.
http://17greengrowth.pa.go.kr/?page_id=2148
대한민국정부(2020). 대한민국 2050 탄소중립 전략.
박환일 외(2015). 녹색산업 분류체계 마련 연구. 국가녹색기술연구소.
오종혁·이효진(2022). 중국의 탄소중립 정책 주요 내용 및 전망. 대외경제정책연구원, 《세계경제 포커스》, Vol.5, No.2.
유연철(2024). 유럽연합의 기후정책과 2035 NDC 수립 동향. 온실가스종합정보센터, 《기후변화와 탄소중립》, vol.28.
유진석 외(2016). 기후기술 분류체계 마련 연구. 녹색기술센터.
이보람·손원주(2023). 일본 'GX 추진전략'의 주요 내용과 시사점. 대외경제정책연구원, 《세계경제 포커스》, Vol.6, No.33.
이찬영(2022). 미국의 연방교통법(IIJA) 주요내용과 시사점. 국토연구원, 《도로정책 Brief》.
최효식(2022). 주요국 탄소중립 추진 동향과 한국 기후기술 산업의 해외진출 기회 분석. 대한무역투자진흥공사, Global Market Report.
한국에너지기술연구원(2021). 주요국 기후변화 정책 동향. KIER CT Brief.
환경부(2022). 한국형 녹색분류체계 가이드라인.
2050 탄소중립녹색성장위원회(2023). 탄소중립시대의 새로운 성장동력, 기후테크 본격 육성에 나선다.
KOTRA(2023). EU 탄소국경조정제(CBAM) Q&A :알기 쉬운 EU 통상 정책 시리즈.

## 04
# 에너지 생산을 위한 AI

기후변화 대응을 위해 전 세계는 화석연료 중심의 전력 생산에서 재생에너지로의 전환을 가속화하고 있다. 이 과정에서 AI 기술은 에너지 수요 예측, 발전량 최적화, 설비 유지 관리 등 다양한 분야에서 핵심 도구로 활용되며, 지속 가능한 에너지 전환을 뒷받침하고 있다.

AI와 사주?

## 기후변화 대응을 위한 에너지 생산 기술

과거 산업화 시대부터 현재까지 지구온난화의 가장 큰 원인은 화석연료를 통한 전기 에너지의 생산 및 사용이었다. 전기 에너지는 인류의 산업, 경제 및 문화 등을 발전시켰으며, 산업혁명과 기술 발전의 큰 원동력이 되었다. 전기 에너지의 생산으로 인류는 밤에도 밝게 생활할 수 있게 되었고, 공장은 기계를 통해 자동화 생산 공정이 가능해졌으며, 개인용 전자제품의 생산과 사용이 용이해졌다. 이처럼 전기 에너지는 인류에게 편의성과 다양한 혜택을 주었지만, 화석연료로 인한 무분별한 전기 에너지 생산이 지금의 지구온난화를 생기게 한 주요 원인이 되었다.

현대 사회는 전기 에너지 없이는 살아갈 수 없는 세상이 되었고, 필요한 에너지를 어디서 어떻게 발전시켜서 생산하는 것인가는 중요한 문제가 되었다. 이와 함께 최근까지 글로벌 전기 수요는 계속 증가하는 추세를 보이고 있으며, 향후 3년 동안 전 세계 전기 수요는 더 빠른 속도로 증가할 것으로 예상되고, 2026년까지 연평균 3.4%씩 증가할 것으로 예상된다(IEA, 2024a). 이에 따라 글로벌 사회는 지구온난화를 막고 더 이상의 기후변화를 방지하기 위하여 화석연료의 사용을 극단적으로 피하면서도, 현대사회의 전기 수요를 충족할 수 있는 대체 발전원이 필요하게 되었으며, 현재 화석연료의 대체를 위하여 가장 대표적으로 언급되는 것은 재생에너지다.

유엔에서는 재생에너지를 '자연적인 자원에서 얻어지며, 소비되는 속도보다 더 빠르게 보충되는 에너지'로 정의하고 있으며, 태양 에너지, 풍력 에너지, 지열 에너지, 수력 발전, 해양 에너지, 바이오 에너지를 일반적인 재생에너지원으로 정의하고 있다(United Nations, 2025). 국제에너지기구는 재생에너지를 '태양, 풍력, 해양, 수력, 바이오매스, 지역 자원에서 얻어진 전기 및 열에너지, 그리고 재생 가능한 자원에서 생산된 바이오 연료 및 수소'를 포함하는 것으로 정의하고 있으며, 국제재생에너지기구(IRENA)는 2013년 108개 회원이 공식적으로 비준하여 '재생에너지는 지속 가능한 방식으로 재생 가능한 자원에서 생산된 모든 형태의 에너지를 포함하며, 여기에는 바이오 에너지, 지열 에너지, 수력, 해양 에너지, 태양 에너지 및 풍력 에너지가 포함된다'라는 내용으로 정의하였다(IEA, 2013).

최근까지 전 세계 전기 수요에 따라 생산되는 에너지 발전 방식은 석탄, 석유 등에 의한 화석연료 사용의 발전 방식이 가장 많은 비율을 차지했으나, 재생에너지와 원자력 등의 발전 방식으로 화석연료 사용의 비율을 점차 줄이고 있다. 실제로 재생에너지는 현재 글로벌 발전량의 많은 부분을 차지하고 있는데, 2022년 기준으로 국가별 전체 발전량의 재생에너지가 차지하는 비율은 노르웨이 98.5%, 뉴질랜드 86.6%, 캐나다 69.1%, 독일 43%, 영국 41.9%, 프랑스 24.5%, 일본 22.6%, 미국 21.6% 등으로 나타났다(문광진, 2024). 국제에너지기구(IEA)는 2025년 초까지 재생에너지는 전 세계 총 전기 생산량의 3분의 1을 공급할 수 있을 것으로 예측했으며, 향후 2026년까지 재생에너지는 핵 에너지 등의 발전 방식과 함께 전 세계 전기 생산의 거의 절반을 차지하게 될 것으로 예상했다(IEA, 2024a). 또 국제에너지기구는 2023년 기준으로 재생에너지 생산량은 전 세계 전력 생산의 30%를 차지하였으며, 그중 수력 에너지가 14%, 풍력 에너지가 8%, 태양광 에너지가 5%, 기타 재생에너지가 3%를 차지하였으나, 2030년에는 태양광 에너지가 16%, 풍력 에너지가 14%, 수력 에너지가 13%, 기타 재생에너지가 3%를 차지하여 태양광 에너지가 가장 많은 재생에너지 발전 비율을 차지하게 될 것이라고 예측했다(IEA, 2024b). 전 세계 재생에너지 발전 설비는 2023년 기준으로 신설된 용량이 60% 이상 증가하였으며, 이는 역대 최고 성장률을 기록한 결과다. 그중에서도 중국은 태양광과 풍력의 신설 용량을 늘리면서, 전 세계 신설 용량의 3분의 2를 차지했다. 분야별로는 전 세계 태양광과 육상 풍력은 신설 용량이 이전보다 증가했으며, 해상 풍력과 수력 발전은 이전보다 신설 용량이 일부 감소한 것으로 나타났다. 전 세계 재생에너지 용량은 2030년까지 2.7배 증가하였으나, 유엔기후변화협약(UNFCCC) 제28차 당사국 총회에서 언급된 2030년까지 3배 확대 목표에는 조금 미치지 못할 것으로 나타났다(오현영, 2024).

수력 발전은 현재 재생에너지의 전력 부문에서 가장 큰 비율을 차지하고 있는 방식이다(United Nations, 2025). 수력 발전 기술은 댐, 강 또는 하천 등에서 물이 가지는 위치 에너지를 활용하여 에너지를 변환하는 제반 기술을 의미하며, 물의 유동 에너지를 변환해 전기를 생산하는 것이다. 수력 발전 기술은 물이 갖고 있는 에너지를 전기 에너지로 변환하기 위한 설비의 설계 제작, 설치 등에 관한 기술과 개발된 설비의 성능 평가 기술, 수력 발전 자원의 개발을 위한 기술 등으로 나눌 수 있다. 수력 발전은 각 설치 현장의 유량과 낙차 등의 조건을 결정한 후 이에 따른 최적의 수차 형식과 크기 및 회전수를 결정하여 설계를 진행하며, 발전기는 수차에서의 회전

에너지를 전기 에너지로 변환하는 역할을 하게 된다(녹색기술센터, 2019).

태양 에너지는 모든 에너지 자원 중에서 가장 풍부하며, 지구가 받아들이는 태양 에너지의 속도는 인류가 소비하는 에너지의 속도보다 약 1만 배 더 크다(United Nations, 2025). 태양광 발전 기술은 태양전지, 축전지 및 전력조절기 등 태양광 발전 시스템을 이용하여 태양빛 에너지를 직접 전기 에너지로 변환하는 기술이다. 태양광 발전 시스템의 종류는 세 가지로 상용 전력 계통에 연계되는 계통 연계형 시스템과 상용 전력에서 독립되어 이용되는 독립형 시스템, 복합형 시스템으로 나뉜다. 계통 연계형 시스템은 태양광 발전의 전력을 계통선과 연계하여 직접 전기를 공급하면서 필요에 따라 부족 전력을 상용 전력 계통으로부터 공급받는 형태이며, 독립형 시스템은 전력 계통과 독립적으로 전원을 공급하는 형태이고, 복합형 시스템은 독립형 시스템의 일종으로 풍력이나 열병합발전 등의 다른 발전 방식과 결합한 형태다(녹색기술센터, 2019).

지역에 따라 차이가 있으나, 전 세계 풍력 에너지의 기술적 잠재력은 글로벌 전력 생산량을 초과할 만큼 많다(United Nations, 2025). 풍력 발전 기술은 바람의 운동

에너지를 기계적 에너지로 변환하면서 전력을 생산하는 발전 기술이다. 풍력 발전 시스템은 블레이드, 축 구동계, 전력 변환계로 구성되며, 블레이드는 바람의 운동 에너지를 회전 운동으로 변환하는 장치이고, 축 구동계와 전력 변환계는 회전 운동을 전기 에너지로 변환하는 장치다. 풍력 발전은 육상 풍력, 해상 풍력, 부유식 풍력 등의 기술이 있다(녹색기술센터, 2019).

핵에너지를 활용한 에너지 생산 방식은 전 세계적으로 많이 활용되는 방식 중 하나이며, 현재 가장 보편적으로 상용화되어 있는 핵에너지 활용 방식은 원자력 발전 방식이다. 원자력 발전은 재생에너지와 함께 온실가스 배출을 줄이면서 발전을 할 수 있는 주요한 방식이며, 2023년 제28차 당사국 총회에서는 20개국 이상이 2050년까지 핵 발전 용량을 3배로 늘리는 공동 선언에 서명하기도 했다(IEA, 2024a). 원자력 발전은 핵분열 에너지를 이용하여 전기를 생산하는 설비다. 원자력 발전 시스템은 핵분열을 제어하는 원자로와 핵분열에서 발생한 에너지를 전달하는 계통, 전달된 에너지를 전기로 변환하는 터빈으로 구성된다. 원자로에서 발생한 에너지는 1차 계통인 냉각재로 전달되며, 냉각재는 2차 계통인 증기 발생기를 통해 증기를 발생시키고, 최종적으로 터빈에서 전기를 생산한다. 또 다른 핵에너지 활용 방식 중 하나는 핵융합 발전이 있다. 핵융합 발전은 아직 많이 상용화되지 않은 기술이며, 중수소-삼중수소의 고온 플라즈마 상태에서 일어나는 핵융합반응 제어를 통해 중성자의 에너지를 열에너지 등의 형태로 회수하여 전력을 생산하는 기술 및 고에너지 중성자를 활용하는 기술이다(녹색기술센터, 2019).

이 외에 기후변화 대응 기술 중 에너지 발전 및 화석연료의 대체 에너지 생산과 관련된 다른 종류를 살펴보면, 태양열, 지열, 해양 에너지, 바이오 에너지, 폐기물 에너지화, 수소 에너지 등이 있다. 태양열 발전 기술은 태양 복사 에너지를 유용한 열에너지로 변환 혹은 저장 및 이용하는 것에 관한 제반 기술이고, 지열 에너지 발전은 지하수 및 지하의 열 또는 온도 차 등을 이용하여 전기 또는 열을 생산하는 기술이다. 해양 에너지는 조류, 조력, 파력, 해수 온도 차, 해수 염도 차, 해류 등을 이용하여 발전하는 기술이며, 바이오 에너지는 동물, 식물 등으로부터 열 화학적 또는 생물학적 전환 기술을 적용하여 화석에너지를 대체할 수 있는 에너지원 기술이다. 폐기물 에너지화 기술은 가연성 폐기물 중 에너지 함량이 높은 폐기물을 이용하여 폐기물을 에너지로 전환하는 기술이다. 수소 에너지는 다른 형태로 에너지 전환이 쉬운 연료이며, 물을 전기 분해하여 생산하는 방법이 사용되고, 연료전지를 통해 전기로 활용할 수 있는 기술이다(녹색기술센터, 2019).

## AI 기술과 친환경 에너지 생산

AI 기술의 기후변화 대응을 위한 에너지 생산 분야의 기술 활용 사례를 살펴보면, 재생에너지 발전량 예측, 최적의 재생에너지 설비 입지 선정, 에너지 수요 예측, 전력망 운영 최적화 등의 사례가 있다. 재생에너지는 간헐성의 특징을 가지고 있는데, 이는 태양광 발전이나 풍력 발전 등의 재생에너지는 자연조건에 의존하여 발전하는 형태이므로 햇빛이나 바람의 변화에 따라 발전량을 정확하게 예측하기가 어려우며, 예측이 가능하더라도 발전량이 빠르게 변화하는 특성이다. AI가 이러한 재생에너지의 간헐성을 해결할 수 있는 하나의 방법이 될 수 있는데, AI는 대량의 데이터를 학습하고 분석하여 미래의 사건을 예측하기 위한 최적의 알고리즘을 생성하고 발전시키기 때문이다. 또 AI 기술은 이러한 자연조건과 발전량의 예측을 가능하게 할 뿐 아니라, 최적의 입지 선정에도 도움이 될 수 있다. 재생에너지 입지는 기압과 온도와 같은 자연환경에 따라 특정 지역에는 구름의 양이 많거나, 바람의 세기가 약하거나, 폭설 등으로 눈이 태양광 패널을 덮게 될 수 있다거나 하는 등 지리적 조건을 고려해야 하는데, AI 기술은 지형, 강수량, 강설량, 일사량, 바람, 온도, 습도 등의 데이터를 토대로 최적의 입지 선정을 할 수 있도록 하는 데 도움이 될 수 있다. 에너지 수요 예측 역시 AI의 강점이다. 정확한 전기 수요 예측은 필요한 발전량을 미리 파악하고, 불필요한 화석에너지 생산을 줄일 수 있어 온실가스 감축에도 도움이 된다(2050 탄소중립녹색성장위원회, 2023; 문광진, 2024).

기후변화 대응을 위한 에너지 생산 분야에 AI 기술을 적용한 대표적인 국내 활용 사례로는 식스티헤르츠(SixtyHertz), 한국전력공사(KEPCO), 한국전력공사 전력연구원(KEPRI), 한전KDN, 광주과학기술원(GIST), 바이오엑스(BioX), 울산과학기술원(UNIST) 등의 활동이 있다. 국외에서는 마이크로소프트, 플래닛 랩스(Planet Labs), 네이처 컨저번시(The Nature Conservancy), 제너럴일렉트릭(GE) 산하의 제너럴일렉트릭 재생에너지(GE Renewable Energy), 구글의 딥마인드(DeepMind), 내셔널그리드(National Grid), 슈나이더 일렉트릭(Schneider Electric), 국제원자력기구(IAEA)의 원자력 발전과 관련된 활동 등의 내용을 통해 확인할 수 있다.

식스티헤르츠는 AI 기반의 재생에너지 발전량 예측과 관리가 가능한 소프트웨어를 개발한 스타트업 기업이다. 해당 기업은 재생에너지 발전량 예측 모델과 확률론적 태양광 발전량 예측 등의 AI 기술과 관련된 특허를 바탕으로 다양한 소프트웨어를 개발하고 있으며, 대표적인 결과물은 '기상 빅데이터 처리 시스템', '햇빛바람지도', '월간햇빛바람' 등이 있다. 기상 빅데이터 처리 시스템은 대량의 기상관측 위성 데이터를 기반으로 실시간 일사량을 예측하는 시스템으로, 사용자에게 맞춤형 정보를 제공하는 시스템이다. 햇빛바람지도는 우리나라 내의 태양광, 풍력, 수력 발전소에 대해 발전량을 시간대별로 예측하여 지도 이미지를 통해 정보를 제공해 주는 플랫폼이다. 월간햇빛바람은 재생에너지 사용을 원하는 기업에 재생에너지 공급인증서(REC)를 제공하는 정보 플랫폼이다(이은경 외, 2024). 식스티헤르츠는 이러한 기술을 바탕으로 기업 사용의 전력을 전부 재생에너지로 전환하는 RE100 달성을 지원할 수 있을 것으로 보이며, 현대건설과의 파트너십을 토대로 민간 전력 거래 자동화 IT 플랫폼을 국내 최초로 구현할 것으로 보인다(임지훈, 2024).

한국전력공사는 AI 기술과 빅데이터를 통해 '지능형 디지털 발전소'를 운영하고 있으며, 이를 통해 발전소 설비의 상태를 예측하고 고장을 예방하고 있으며, 발전소 운전을 최적화하기 위한 노력을 기울이고 있다(임종서 외, 2024). 한국전력공사 전력연구원은 전력 데이터를 활용하여 매달 수백억 건의 데이터를 처리하는 빅데이터 시스템을 구축하였으며, 이를 통하여 AI 기술을 적용한 전력 수요량 예측 시스템인 '배전계통 부하 예측 및 관리시스템'을 개발했다. 해당 시스템은 전력 수요량의 패턴을 인식하고 패턴의 변화를 감지하는 재학습 기능을 통해 태양광, 풍력 등 자연 환경 변화에 따라 발전량이 급격하게 변화하더라도 정확한 예측이 가능하도록 설계되었다(문광진, 2024).

한전KDN은 국내에서 최초로 산업통상자원부의 '데이터 결합 전문기관'으로 지정되었으며, 다양한 산업 데이터 간 결합을 통해 혁신 서비스 발굴을 추진하고 있다. 한전KDN은 에너지를 포함한 다양한 종류의 데이터를 결합하고 분석하는 'AI 기반 에너지 결합데이터 분석플랫폼'을 개발하였으며, 이를 통해 현장에서 수집된 센서 데이터를 기반으로 에너지 소비 패턴을 분석하고 예측하는 기능과 에너지 생산 및 사용 과정에서 발생하는 비정형 데이터를 효율적으로 처리하는 기능을 제공하고 있다(한국과학기술정보연구원, 2023: 머니투데이, 2024). 또 한전KDN은 AI 기술을 기반으로 신재생에너지 운영 및 관리, 발전소 및 탄소 배출량 관리 등 다양한 종류의 소프트웨어와 실제 관련 데이터를 통하여 '한전KDN 에너지 클라우드 플랫폼'을 개발하여 운영하고 있으며, 한전KDN 에너지 클라우드 플랫폼(K-ECP)를 기반으로 태양광 발전량 예측, 분산 전원 운영 등의 서비스를 위한 '이음' 플랫폼 기능을 제공하고 있다. 이음 플랫폼의 재생에너지 발전량 예측은 회귀분석, 서포트 벡터 머신(SVM), 엑스지부스트(XGBoost), 인공신경망(ANN) 등의 AI 기술을 활용하고 있으며, 대표적으로 성과가 나타나고 있는 사례 중 하나다(한국과학기술정보연구원, 2023).

국내 과학기술특성화대학 중 하나인 광주과학기술원은 재생에너지를 통해 수소 에너지를 생산하는 그린수소 생산 과정에 딥러닝 알고리즘을 적용하여 수전해 촉매의 최적 조합 비율을 도출하였으며, 국내 바이오 환경기업인 바이오엑스는 울산과학기술원과 함께 AI 기술을 통한 그린수소 생성 공정의 자율화를 연구했다(임종서 외, 2024).

마이크로소프트는 위성 이미지 및 지리 공간 솔루션 기

업인 플래닛랩스(Planet Labs)와 환경 단체인 네이처컨저번시(The Nature Conservancy)와 함께 '글로벌 재생에너지 시계(GRW)' 서비스를 출시했다. 2022년 출시된 GRW는 AI와 인공위성 이미지를 사용하여 수십에서 수천 메가와트(MW) 급인 유틸리티 규모의 태양광 및 육상풍력 설비를 매핑하고 측정하기 위한 지도이며, 사용자가 친환경 에너지 전환의 진행 상황을 평가하고 시간이 경과함에 따른 추세를 추적할 수 있게 기능과 데이터를 제공하는 정보 플랫폼이다. GRW는 웹사이트는 관련 데이터를 소프트웨어 개발자 코드를 공유할 수 있는 깃허브(Github)를 통해 제공할 예정이며, 지표 도출의 플랫폼과 알고리즘은 독립적인 검증과 테스트 목적으로 오픈소스 라이선스에 따라 공개된다. GRW는 풍력 터빈 용량 추정치를 최소 1개 터빈이 있는 토지 1제곱킬로미터당 4MW의 표준 계수를 적용하며, 태양광 발전 용량은 건설 연도에 따라 계수를 다르게 사용하여 계산한다. GRW는 용량 추정이 매우 복잡하므로, 대략적인 근사치를 제공한다는 점을 강조하고 있다. 다만, 플랫폼을 통한 태양광과 풍력 예측을 위하여 이러한 과정에 머신러닝을 반복할 수 있는 적절한 검증 파이프라인을 구축하고 있으며, 2018년 미국의 지리 공간 분석 기업인 데카르트 랩스(Descartes

Labs)와의 1.5m와 10m의 공간 해상도 위성 영상과 전 세계 태양광 용량을 매핑하였으며, 위성 영상과 인도에 설치된 태양광 용량을 매핑한 프로젝트를 성공적으로 추진했다(Global Renewables Watch, 2025).

GE 재생에너지(GE Renewable Energy)는 풍력 발전의 터빈 장비와 부품의 고장을 예측하고 선제적으로 조치하는 유지 보수 활동에 AI를 활용하고 있다. 또 딥마인드와 영국의 대형 에너지 기업인 내셔널그리드(National Grid)는 기상 예보 데이터와 과거 터빈 데이터를 기반으로 풍력 패턴을 예측하는 머신러닝 알고리즘을 개발하여, 실시간으로 업데이트되는 데이터를 통해 기상 조건에 따른 풍력 발전량을 시간 단위로 예측하고, 최적의 풍력 발전 계획을 수립할 수 있는 환경을 제공하고 있다. 한편, 구글 딥마인드는 AI 기술을 수소 생산에도 적용하고 있는데, 수소 생산 공정 중 촉매의 구조를 예측하고 최적화하여 수소 촉매의 효율성을 향상하는 데 적용하고 있다(임종서 외, 2024).

프랑스 기업 슈나이더 일렉트릭(Schneider Electric)은 얼마나 많은 에너지가 언제 어디에 소비되는지 측정하여 데이터를 얻으며, 데이터를 기반으로 재생에너지를 통해 에너지 전환을 지원할 수 있는 소프트웨어 시스템 등을 생산하는 기업이다. 슈나이더 일렉트릭은 에너지 소비 절감을 위한 기술 솔루션인 에코스트럭처파워(EcoStruxure Power)와 에코스트럭처그리드(EcoStruxure Grid)를 통해 탄소 제로의 목표 달성을 위한 이니셔티브를 추진하고 있으며, 인도 바도다라(Vadodara), 태국 방푸(Bang-poo), 프랑스 하이브(The Hive)의 지열 에너지와 태양열 옥상을 설치하고, 프랑스 인텐시티(IntenCity)에 태양열 패널과 풍력 터빈을 설치하여 재생에너지 프로젝트를 추진했다(정보통신산업진흥원, 2023).

국제원자력기구는 AI 기술이 원자력 분야의 응용, 과학, 기술 분야에 적용될 수 있는 방법을 논의하고, 협력을 촉진할 수 있는 학제 간 포럼을 개최하기 위하여 '원자를 위한 AI(AI for Atoms)' 정보 플랫폼을 운영하고 있다. 이를 통해 국제전기통신연합을 포함한 UN 다른 기관과의 협력을 진행하고 있으며, 국제원자력기구는 AI를 통한 지속 가능한 원자력 발전을 촉진하려는 활동을 추진하고 있다. 국제원자력기구는 2019년 '운영 중인 원자력 발전소 지원을 위한 혁신 국제 네트워크(ISOP)'를 설립하였으며, 이를 통해 AI에 관한 작업 그룹을 창설하고 운영하고 있다. ISOP 작업 그룹은 원자력 발전 분야에서 단기적으로 적용 가능한 AI 기술 활동에 대한 비전을 제시하며, 18개 회원국의 66명 전문가로 구성되어 있다(ITU, 2024).

원자력 발전은 AI 기술을 통해 재생에너지 발전과 같이 혁신적인 발전 방식을 추진할 수 있지만, 안전 문제는 원자력 발전의 가장 예민한 문제 중의 하나다. 국제원자력기구는 원자력 발전소에서의 AI 기술 사용이 안전한지에 대한 기술 회의와 워크숍 등을 지속적으로 추진하고 있으며, 이를 통해 원자력 발전 시설의 설계, 안전성 평가, 운영 등의 다양한 측면에서 AI 기술을 활용하고 적용할 수 있는 방법을 논의하고 있다. 이와 더불어 국제원자력기구는 미국의 퍼듀 대학교(Purdue University)와 함께 '수냉식 원자로의 중대사고 분석을 위한 불확실성 및 민감도 방법론의 실무 상태 향상'에 관한 프로젝트를 진행했으며, 이를 통해 AI 기반의 진화적이고 혁신적인 원자로 설계 기술 연구를 진행했다(ITU, 2024).

### 참고문헌

녹색기술센터(2019). 녹색기후기술백서.

머니투데이(2024.5.22). 한전KDN, 'AI 기반 에너지 결합데이터 분석 플랫폼' 개발.
https://news.mt.co.kr/mtview.php?no=2024052210551872841

문광진(2024). 기후변화 대응을 위한 인공지능 활용의 입법적 과제: 태양광발전 등 재생에너지 확대를 중심으로. 《법학논총》, 41권 3호, 65-97.

오현영(2024). 세계 재생에너지 시장현황과 2030년 보급전망(IEA).

이은경 외(2024). SW로 탄소중립을 지원하는 기후 기술·기업 사례 연구.

임종서 외(2024). 인공지능을 통한 탄소중립 달성 효율화, 글로벌 동향과 우리나라의 과제는?. 국가녹색기술연구소, 《Greenovation I&I》, 2024년, 제8호.

임지훈(2024). 기후테크 산업 동향 및 우수기업 사례를 통해 본 성공 전략. 한국무역협회 국제무역통상연구원.

정보통신산업진흥원(2023). 글로벌 ICT 월간동향리포트.

한국과학기술정보연구원(2023). S&T Data. vol 2.

2050 탄소중립녹색성장위원회(2023). 파리협약 6.4조 매커니즘 관련 규정 채택 및 기후행동을 위한 AI 기술 동향. 탄소중립 데일리 브리핑, 제11호.

Global Renewables Watch(2025). Global Renewables Watch. https://www.globalrenewableswatch.org/

IEA(2013). Global Tracking Framework 2013. https://www.iea.org/reports/global-tracking-framework-2013

IEA(2024a). Electricity 2024: Analysisi and forecast to 2026.

IEA(2024b). Renewables 2024: analysisi and forecast to 2030.

ITU(2024). United Nations activities on artificial intelligence (AI).

United Nations(2025). What is renewable energy?. https://www.un.org/en/climatechange/what-is-renewable-energy

## 05
## 에너지 효율화를 위한 AI

기후변화 대응을 위한 핵심 전략 중 하나는 에너지 효율화로, 이는 화석연료 사용을 줄이고 온실가스 배출을 감소하는 데 기여한다. 건물, 수송, 산업, 발전, 저장 등 다양한 분야에서 기술이 적용되며, AI 기반의 최적화 기술과 결합해 효율성은 더욱 강화되고 있다.

AI와 아이돌?

## 기후변화 대응을 위한 에너지 효율화 기술

기후변화 대응을 위한 가장 직접적인 방법은 석탄, 석유 등 화석연료 사용을 줄이는 것이다. 화석연료 사용이 늘어날수록 온실가스 배출량이 증가하여 지구온난화가 심해지기 때문이다. 따라서 재생에너지 발전이나 대체연료를 통해 온실가스 배출량을 줄여야 한다. 다만, 현대사회의 고착된 생활방식과 경제적 비용 문제로 인해 화석연료 사용을 한 번에 중단하는 것은 불가능하며, 점진적으로 줄여나가야 할 것이다. 이 과정에서 에너지 효율화가 중요한 방법 중 하나이다.

에너지 효율화는 탄소중립 달성을 위한 필수 요소이다. IEA 시나리오에 따르면 에너지 효율성 개선을 강화하면 2030년까지 석유 수요의 70%와 가스 수요의 50%를 감소시킬 수 있으며, 현재부터 2030년까지 모든 이산화탄소 배출량 감축의 3분의 1 이상을 달성할 수 있다. IEA에 따르면, 2010년부터 2022년까지 에너지 집약도를 개선을 통해 전 세계는 이산화탄소 배출량을 약 7기가톤 줄인 것으로 나타났다(IEA, 2024a). 에너지 집약도는 같은 경제적 가치 창출에 필요한 에너지량을 측정하는 지표이다.

또한, 에너지 효율화는 국가 차원에서 에너지 공급 확

대 한계를 해결하고 에너지 수입을 줄여 에너지 안보 제고에 기여한다(정웅태, 2008). 전 세계 정부는 2020년부터 2030년까지 에너지 효율을 위해 1조 USD 이상을 배정했으며(김민규, 2024), EU와 미국을 선두로 한국, 튀르키예, 영국 등이 2023년 4~14%의 높은 효율 개선도를 기록했다(정귀희, 2024). EU는 2030년까지 에너지 소비량을 11.7% 감축하고 에너지 효율성을 최우선으로 고려하는 방침을 세웠으며(한국에너지공단, 2024: 에너지데일리, 2024), 미국은 IRA를 통해 에너지 효율 조치에 860억 USD를 할당하였으며, 영국은 에너지 효율을 통해 에너지 세금을 할인하는 인센티브 등의 정책을 도입하였고, 일본은 GX 이니셔티브와 함께 관련 제도를 추진 중이다(허강준, 2022: IEA, 2022: 정귀희, 2024). 우리나라도 2023년 '에너지 효율혁신 및 절약 강화 방안'을 수립하였는데, 국민 참여 캠페인, 투자 인센티브 강화, 산업분야 효율 혁신 등의 정책을 마련하였다(관계부처 합동, 2023).

에너지 효율화 기술은 건축 효율화, 산업 효율화, 수송 효율화, 발전과 송·배전 분야의 효율화, 에너지 저장 분야의 효율화 등으로 다양하게 적용된다. 건축 효율화는 건물의 필요 에너지를 최소화하고, 산업 효율화는 주요 산업 공정의 에너지 성능을 최적화하며, 수송 효율화는 교통 수단의 에너지 소비 효율을 향상시켜 온실가스 감축에 기여한다. 발전과 송·배전 분야는 IT 기술을 접목하여 에너지 손실을 줄이고, 에너지 저장 분야는 전기나 수소 에너지를 저장하여 필요시 재사용하는 기술이다(녹색기술센터, 2019).

건축물의 에너지 효율화 기술은 건축물 패시브 기술, 액티브 기술, 에너지 관리 기술, 재생에너지 시스템 적용 기술로 구분된다. 패시브 기술은 고성능 단열재, 창호 단열, 차양 장치 등이 있고, 액티브 기술은 조명, 열원 공조 등의 고효율 설비 기술이다. 건물 에너지 관리 기술(BEMS)은 모니터링, 시뮬레이션, 제어 관리 기술을 포함하며, 재생에너지 시스템은 태양광, 태양열, 지열 등을 건축물과 연계하는 기술이다(녹색기술센터, 2019). 건물 부문은 2023년 기준 전 세계 최종 에너지 소비의 28%를 차지하며, 가전제품이 건물 부문 전력 소비의 약 46%를 차지하고 있다(김민규, 2024).

수송 효율화 기술은 지능형 교통 시스템(ITS), 차세대 자동차, 고효율 철도, 친환경 선박, 저탄소 항공 교통 등을 포함한다. ITS는 IT기술로 교통시설의 효율과 안전성을 향상시키고, 차세대 자동차는 화석연료 대체 에너지를 사용하는 자동차와 자율주행차를 포함한다(녹색기술센터, 2019). 수송 부문은 2023년 기준 전 세계 최종 에너지 소비의 약 27%를 차지하며, 전기자동차 보급이 지속 증가하여 2023년 전 세계 판매의 5분의 1 이상을 차지했다(IEA, 2024b).

산업 효율화 기술은 공장에너지관리시스템(FEMS)과 스마트 공장 기술이 있다. FEMS는 생산시설의 에너지 성능 최적화를 위한 관리시스템이며, 스마트 공장은 ICT와 제조업 기술을 융합하여 공장 내 설비들이 상호 소통하는 생산 체계로, 공급사슬관리, 기업자원관리, FEMS까지 포함하는 광의의 개념이다(녹색기술센터, 2019). 산업 부문은 2023년 기준 전 세계 최종 에너지 소비의 약 39%를 차지한다(김민규, 2024).

발전과 송·배전 분야의 효율화 기술은 송·배전 시스템 기술과 전기지능화 기기 기술로 구분된다. 송·배전 시스템에는 초고압직류시스템(HVDC), 스마트 그리드, 유연송전 기술(FACTS), 광역 감시·분석·제어 시스템(WAMAC), 디지털 변전소 기술이 있다. 전기지능화 기기 기술에는 지능형전력계량시스템(AMI), 에너지저장시스템(ESS), 에너지관리시스템(EMS) 등이 있다(녹색기술센터, 2019).

에너지 저장 분야는 전력 저장 기술과 수소 저장 기술로 나뉜다. 전력 저장 기술은 전기화학, 기계, 열, 위치에너지 저장 방식으로 구분되며, 그 중 전기화학 에너지 저장 방식이 가장 많이 연구되고 있다. 이차전지는 리튬이온전지, 레독스 플로우 전지 등 다양한 종류가 있다. 수소 저장 기술은 재생에너지로 생산된 잉여 전기를 수소로 변환하여 저장하는 기술로, 압축 저장, 액화 저장, 화학적 수소 저장, 금속 수소 저장 등의 방식이 있다(녹색기술센터, 2019).

## AI 기술과 에너지 효율화

에너지 효율화와 관련하여 AI 기술은 배터리, 스마트 그리드 등의 기술과 함께 재생에너지의 간헐성 문제에 대해 안정적인 에너지 공급이 가능한 환경을 만들어 준다. AI 기술은 그리드 최적화에도 적용할 수 있는데, 에너지 공급 프로세스를 개선하고, 에너지 수요가 높은 시기에 효율적으로 에너지를 제공할 수 있게 한다. AI 기술은 태양 에너지를 얻기 위한 건물 방향의 최적화, 재생에너지 통합 극대화 등을 통해 에너지 절감의 효과를 늘릴 수 있으며, 제조 설비의 운영 데이터 분석을 통해 생산 과정을 최적화하고 에너지 효율성을 향상하여 산업 부문의 에너지 절감에 도움이 될 수 있다. 또 AI 기술은 교통 시스템을 최적화하기도 하는데, 교통 관리 시스템과 교통 경로 분석은 교통 흐름을 향상하고, 최적의 경로를 제시하여 불필요한 온실가스 배출과 에너지 절감에 도움이 된다(UNFCCC, 2024). 이와 함께 AI 기술은 디지털 트윈, 빅데이터 등과 함께 발전 설비, 송·배전 설비의 고장을 진단하거나 예방 정비를 할 수 있으며, 이를 통해 전력계통의 출력 최적화, 품질 향상, 안전 관리 등을 향상할 수 있게 한다. 또한, AI 기술 활용은 에너지 저장 장치(ESS)에 대한 고장 예방, 내부 온도와 습도 유지를 통한 화재 및 결로 현상 방지 등이 가능하게 하며, 이를 통해 재생에너지의 간헐성 문제를 해결할 수 있는 에너지 저장의 활용성을 극대화할 수 있다(문광진, 2024). 이 외에도 에너지 효율화를 위한 AI 기술의 활용은 다양한 사례를 통해 확인할 수 있으며, 관련 분야 업무의 거의 전 과정에서 활용되는 것을 알 수 있다.

기후변화 대응을 위한 에너지 효율 분야에 AI 기술을 적용한 주요 사례는 국내의 에너지엑스(Energy X), 글래틱(Glatic), 현대 자동차 그룹, 포스코(POSCO), 한전 KDN, 그리고 국외의 지멘스(Siemens), 테슬라(Tesla), 바이에른 모터스 웍스(BMW), 메르세데스벤츠 그룹

(Mercedes-Benz Group), 토요타(Toyota Motor), 혼다(Honda Motor), 비스트라(Vistra)와 퀀텀블랙 AI(QuantumBlack AI)의 협력, 슈나이더 일렉트릭, 보쉬(Bosch) 등의 내용을 통해 확인할 수 있다.

건축 분야 기업인 에너지엑스는 AI 기술을 기반으로 건물의 설계와 건물 에너지 운영이 가능한 소프트웨어 기술을 보유하고 있다. 에너지엑스는 소프트웨어를 기반으로 기후, 소음, 일조량 등의 환경 변화가 건축물 에너지 생성 및 활용에 미칠 수 있는 잠재적 영향을 예측하고, 최적의 방안을 통해 설계를 진행하는 건축물 설계 시뮬레이션을 제공한다. 해당 건축물 설계 시뮬레이션은 건축물 내·외부 환경을 고려한 최적의 열 성능 재료, 냉·난방 에너지 수요, 재생에너지 활용, 건축 및 환경 규제 충족 여부 판단 등을 통해 최적 조건의 설계 옵션을 적용할 수 있으며, 건물의 열 전달, 빛 분산, 공기 흐름 등의 복잡한 물리적 변화를 평가하여 설계 방안을 도출한다. 또 에너지엑스는 소프트웨어와 모바일 애플리케이션을 통해 건물의 에너지를 최적화하여 관리하는 AI 관리 시스템(AIMS) 기능을 제공한다. 해당 AI 관리 시스템은 건물이 생산하고 사용하는 에너지 데이터를 실시간으로 수집하고 분석하여 건물 에너지 운영과 관리를 위한 최적의 의사 결정을 지원한다. 해당 AI 관리 시스템은 건물 내 에너지 공조 장치, 조명, 기타 설비 장치 등을 건물의 특정 요구와 사용자 선호에 맞추어 자동으로 조절하는 기능을 제공하고, 공간 중심으로 건물 에너지 사용량을 분석하여 이상 징후가 감지되면 담당자에게 알림을 전달하는 운영 관리 기능을 제공한다. 이와 함께 에너지엑스는 2023년 건물 일체형 태양광 시스템 기반의 재생에너지 생산 및 에너지 절감과 고효율 설비 기술을 바탕으로, 국내 최초로 에너지 자립률 121.7%의 플러스 에너지 빌딩을 준공했다(이은경 외, 2024).

국내 기업 글래틱은 세계 최초로 에너지 효율이 높은 필름형 스마트 글래스 기술을 개발했다. 스마트 글래스 기술은 전기 신호를 통해 유리의 색상과 투명도를 변경할 수 있는 기술이며, 글래틱은 스마트 글래스 기술과 자체 개발한 AI 기반의 건물 에너지 관리 솔루션을 통해 건물 내부의 조명과 공조 시스템을 제어하는 기술을 제공하고 있으며, 이를 통해 최대 20~40%의 전력 소모 절감이 가능한 것으로 나타났다(임지훈, 2024).

수송 분야 중 전기차 분야는 이미 다양한 기업이 AI 기술을 적용하여 차량을 생산하고 있다. 현대 자동차 그룹은 싱가포르에 '현대차그룹 싱가포르 글로벌 혁신센터'

를 설립하고, AI와 로보틱스 기술을 적용하여 생산부터 판매까지 자동화하는 첨단 공장을 운영하고 있다(ZDNET Korea, 2024).

포스코는 스위스 기업 테라퀀텀(Terra Quantum)과 협력하여 양자 컴퓨팅 기술 및 AI 기술을 토대로 광양 제철소의 고로 성능을 최적화하기 위한 시계열 예측과 하이브리드 양자 신경망을 활용하는 프로젝트를 진행하였으며, 이를 통해 철강 산업 공정의 연료 사용 및 운영 비용으로 에너지를 감축할 수 있는 활동을 추진했다(임종서 외, 2024).

한전KDN은 딥러닝을 기반으로 한 영상 분석 기술을 에너지 인프라 설비의 감시 진단이나 작업 현장 안전 관리에 적용한 'AI-비전 기반 설비진단 및 안전관리 솔루션'을 개발하였으며, CCTV, 드론, 차량, 열화상 카메라 등의 촬영 이미지와 영상을 이용하여 설비 동작 상태나 작업 환경 등을 실시간으로 모니터링하고 진단하는 기능을 활용하고 있다. 해당 플랫폼은 이미지나 영상에 포함된 다중 객체를 실시간으로 식별하여, 객체의 이상 유무나 특이점을 학습된 객체와 비교 분석하여 판별해 낸다. 이러한 기술은 송전선로 최상부에 설치된 광섬유 복합 가공지선(OPGW) 점검에도 활용되며, 사람이 직접 수십에서 수백 미터 상공의 송전탑에 올라가 점검하는 일을 드론 영상 등을 통해 해결하고 있으며, 이를 통해 사고 위험을 줄일 뿐 아니라 점검 시간도 단축할 수 있다(한국과학기술정보연구원, 2023).

독일 기업 지멘스는 스마트 자동화 솔루션을 통해 건물 성능을 향상하는 기술을 보유하고 있다. 지멘스는 '데지고(Desigo)' 빌딩 자동화 시스템을 개발하였는데, 해당 시스템은 업계 최초로 건물 실내 자동화부터 빌딩 관리까지의 모든 기능에 사이버 공격에 탁월한 보호 기능인 'BACnet 보안 통신 프로토콜(BACnet/SC)'을 탑재하였으며, 이를 토대로 약 1000개의 디바이스를 안전하게 연결하고 제어할 수 있는 기능을 제공한다. 또 지멘스는 친환경 주거 냉·난방 기술 중 하나인 히트 펌프 기술을 위한 상품을 개발하였는데, 재생에너지를 사용하는 상황에 적합한 주거용 건물 히트펌프 컨트롤러인 '공조 제어기 클라이머틱스 S400(HVAC controller Climatix S400)'를 출시했다. 이와 함께 지멘스는 소규모 건물 에너지 관리를 위한 '커넥트 박스(Connect Box)'를 출시하였으며, 이를 통해 학교, 소매점, 아파트 등 중소형 건물의 에너지 효율을 최대 30%까지 최적화하고 실내 공기 질을 크게 개선할 수 있는 기술을 제공하고 있다(정보통신산업진흥원, 2023).

미국의 자동차 기업 테슬라는 판매 중인 전기 자동차에 부분적으로 자동화된 '완전 자율주행(FSD)' 시스템을 도입하고 있으며, AI 기술을 통하여 지속적인 데이터 훈련을 추진하고 있다(Reuters, 2025). BMW는 2022년 모든 광장과 차량을 3차원(3D)으로 스캔하여 가상공간을 만들었으며, 2024년에는 디지털 트윈 기술을 기반으로 공장 설립을 시작했다. 메르세데스벤츠 그룹은 AI 소프트웨어를 토대로 공장을 개조하여 노후화된 조립 설비를 정리하고 화재 방지 대책을 마련했다. 토요타는 AI를 통해 사고 발생 시 충돌 시기와 위치 정보를 파악하여 콜센터에 알림을 보내는 서비스를 제공하고 있으며, 혼다는 차량 공장의 검사, 설계, 테스트의 모든 단계에서 AI 기술과 딥러닝을 활용하고 있다(ZDNET Korea, 2024).

미국의 에너지 기업 비스트라는 매킨지 앤드 컴퍼니(McKinsey & Company)가 인수한 AI 및 데이터 분석 전문 회사 퀀텀블랙 AI와 협력하여 열효율 최적화(HRO) 시스템을 개발했다. 해당 열효율 최적화 시스템은 전력 생산 능력 예측, 발전소 모니터링, 생산 전력량 최적화, 성능 관리 등의 기능을 통해 발전소 운영의 효율성과 안정성을 높이는 데 기여했다(임종서 외, 2024).

프랑스 기업 슈나이더 일렉트릭은 산업 분야의 에너지 관리를 위한 전력 보호 및 제어 프로그램인 '파워로직 P7(PowerLogic P7)' 상품을 개발하였으며, 이를 통해 산업 분야 운영 효율성, 전기 가용성 및 전력 보안을 극대화한 디지털 환경을 제공하고 있다. 또 디지털 트윈 플랫폼 'ETAP'을 통해 설계, 엔지니어링, 운영, 유지 보수까지 전 주기 운영 시스템을 모두 관리할 수 있는 기능을 제공하고 있다. 2020년 기준 전 세계 400개 이상의 지사와 공장을 보유한 독일 기업 보쉬는 AI 기반의 에너지 플랫폼을 기반으로 건물 관리 시스템, 기계 센터 등을 통해 데이터와 정보를 수집하고 분석하여 에너지 흐름과 소비의 관리를 진행하고 있으며, 이를 통해 에너지 절약이 가능한 사항을 찾아내고 필요한 부분을 개선해 나가고 있다. 보쉬는 에너지 절약을 위한 플랫폼을 자체 공장에 점차 확대하고 있다(정보통신산업진흥원, 2023).

## 참고문헌

관계부처 합동(2023). 에너지 효율혁신 및 절약 강화 방안.

김민규(2024). 2024년 세계 에너지 효율 개선 동향(IEA). 《세계 에너지시장 인사이트》, 제24-25호.

녹색기술센터(2019). 《녹색기후기술백서》.

문광진(2024). 기후변화 대응을 위한 인공지능 활용의 입법적 과제:

태양광발전 등 재생에너지 확대를 중심으로. 《법학논총》, 41권 3호, 65-97.

에너지데일리(2024.4.26). EU, 에너지 효율을 최우선 정책으로 추진한다. https://www.energydaily.co.kr/news/articleView.html?idxno=145976

이은경 외(2024). SW로 탄소중립을 지원하는 기후 기술·기업 사례 연구.

임종서 외(2024). 인공지능을 통한 탄소중립 달성 효율화, 글로벌 동향과 우리나라의 과제는?. 국가녹색기술연구소, 《Greenovation I&I》, 2024년, 제8호.

임지훈(2024). 기후테크 산업 동향 및 우수기업 사례를 통해 본 성공 전략. 한국무역협회 국제무역통상연구원.

정귀희(2024). 20203년 세계 에너지 효율 및 에너지 집약도. 《세계 에너지시장 인사이트》, 제24-1호.

정보통신산업진흥원(2023). 글로벌 ICT 월간동향리포트.

정웅태(2008). 해외 에너지 효율화 정책 동향 분석 연구. 에너지경제연구원.

한국과학기술정보연구원(2023). S&T Data. vol 2.

한국에너지공단(2024). 유럽연합(EU), 에너지 효율 지침 개정. 《KEA 에너지 이슈 브리핑》, 제238호.

허강준(2022). 주요 선진국 에너지효율 정책 추진 동향. 《전기저널》. http://www.keaj.kr/news/articleView.html?idxno=4774

ZDNET Korea(2024.5.2). AI, 자동차 제고 확 바꿨다 '고효율·저비용' 혁명. https://zdnet.co.kr/view/?no=20240412173157

IEA(2022). Energy Efficiency 2022.

IEA(2024a). Energy Efficiency 2024.

IEA(2024b). Global EV Outlook 2024.

Reuters(2025.3.13). Tesla working with Baidu to improve assisted driving system in China, sources say. https://www.reuters.com/business/autos-transportation/tesla-working-with-baidu-improve-assisted-driving-system-china-sources-2025-03-13/

UNFCCC(2024). Artificial Intelligence for Climate Action in Developing Countries: Opportunities, Challenges and Risks. Technology Executive Committee.

United Nations(2025). What is renewable energy?. https://www.un.org/en/climatechange/what-is-renewable-energy

# 06
# 기후변화 모니터링과 예측을 위한 AI

기후변화로 인한 자연재해는 규모와 빈도가 점차 증가하고 있으며, 이에 따른 피해 최소화를 위해 정교한 모니터링 및 예측 기술이 요구되고 있다. 본 장에서는 유엔의 '모든 사람을 위한 조기 경보' 이니셔티브와 그 핵심 구성 요소, 세계기상기구의 글로벌 데이터 공유 체계, 고성능 슈퍼컴퓨팅과 AI 기반 기후 예측 기술, 위성 관측의 역할, 그리고 국내외의 주요 사례를 통해 기후변화 대응 기술의 현재와 미래를 심층적으로 다룬다.

AI와 야구?

## 기후변화 모니터링 및 예측 기술

기후변화로 인해 발생하는 자연재해는 인류에게 점점 더 큰 피해를 초래하고 있다. 전 세계적으로 자연재해의 규모와 빈도가 지속적으로 증가하고 있으며, 이에 따른 경제적 피해 규모도 빠르게 확대되고 있다. 세계 최대 재보험사인 뮌헨 재보험 주식회사(Munich Re)는 자연재해 손실 관련 데이터베이스인 '냇캣서비스(NatCat SERVICE)'를 운영하고 있는데, 이 자료에 따르면 1990년대 대형 기상 재난 발생 건수는 1950년대 대비 4.3배 증가했으며, 경제적 피해액은 무려 15.2배에 달했다(Science Times, 2010). 또 루뱅 가톨릭 대학교(UCLouvain) 재난 역학 연구센터(CRED)와 유엔재난위험경감사무국(UNDRR)이 공동 발간한 보고서에 따르면, 1980년부터 1999년까지 20년간 기후변화와 관련된 자연재해 발생 건수는 4212건이었고, 이로 인해 119만 명이 사망하고 32억 5000만 명이 피해를 입었으며, 1조 6300억 달러의 경제적 손실이 발생했다. 반면 2000년부터 2019년까지의 같은 기간에는 자연재해 발생 건수가 7348건으로 급증했고, 사망자 수는 123만 명, 피해 인구는 40억 3000만 명, 경제적 손실은 2조 9700억 달러에 달했다(CRED & UNDRR, 2020).

기후변화로 인한 자연재해는 이미 현실로 다가왔으며, 이를 완전히 막는 것은 불가능하다. 이제 인류가 집중해야 할 것은 다가오는 재난의 피해를 최소화하는 것이다. 이를 위해 2022년 3월, 유엔 사무총장 안토니우 구테흐스는 5년 안에 전 세계 모든 인구가 조기 경보 시스템(Early Warning Systems, EWS)의 보호를 받을 수 있어야 한다는 목표를 제시하며 '모든 사람을 위한 조기 경보(EW4ALL)' 이니셔티브를 공식 출범시켰다. 이어 2022년 11월 유엔기후변화협약 제27차 당사국 총회(COP27)에서 구테흐스는 EW4ALL 이니셔티브 이행 계획을 발표했다(UNDRR, 2025).

현재 EW4ALL 이니셔티브는 세계기상기구(WMO), 유엔재난위험경감사무국(UNDRR), 국제전기통신연합(ITU), 국제적십자사연맹(IFRC)이 주도하고 있다. 구테흐스 사무총장은 세계기상기구와 유엔재난위험경감사무국을 공동 집행위원장으로 하는 자문위원회를 구성했으며, 유엔 기관, 민간 부문, 시민사회 등 다양한 주체가 참여하고 있다. 이 자문위원회는 2년마다 회의를 열어 이니셔티브의 진척 상황을 점검하고, 그 결과를 유엔 사무총장에게 보고하고 있다(WMO, 2025a).

세계기상기구에 따르면, 현재 전체 세계기상기구 회

원국의 67%가 24시간 경보 및 알림 서비스를 운영하고 있으며, 56%는 위험 · 노출 · 취약성 데이터를 예보에 반영하고 있다. 그러나 다중 위험 조기 경보 시스템(MHEWS)을 위한 법적 기반을 갖춘 국가는 전체의 38%에 불과하다. 다중 위험 조기 경보 시스템은 사람들이 기상 · 기후 재난 발생 가능성을 사전에 인식하고, 정부, 지역사회, 개인이 적절한 대응 조치를 취할 수 있도록 안내하는 통합 시스템이다(WMO, 2025b).

EW4ALL 이니셔티브는 효과적이고 포괄적인 다중 위험 조기 경보 시스템 구축을 위해 네 가지 기둥을 중심으로 추진되고 있다. 첫째 기둥은 유엔재난위험경감사무국이 주도하는 '재난 위험 지식' 구축이며, 둘째 기둥은 세계기상기구가 주도하는 '탐지, 관측, 모니터링, 분석 및 예측'이다. 셋째 기둥은 국제전기통신연합가 주도하는 '경고 전파 및 소통', 넷째 기둥은 국제적십자사연맹가 주도하는 '대비 및 대응 역량 강화'다. 특히 둘째 기둥은 유엔개발계획(UNDP), 유네스코(UNESCO), 유엔환경계획(UNEP) 등의 지원을 받아 이행되고 있으며, 이를 통해 변화하는 기후를 보다 정밀하게 분석하고 대응할 수 있도록 하고 있다(WMO, 2025a; WMO, 2025b).

두 번째 기둥은 지구 표면과 우주에서 수집된 데이터

를 기반으로 날씨, 해양 등 다양한 지구 시스템 요소의 상호작용을 분석하고 예측하는 과정을 포함한다. 이를 위해 고성능 슈퍼컴퓨팅이 활용되며, 수치 시뮬레이션 모델이 운영된다. 주요 자연재해를 모니터링하기 위해서는 현장 측정 데이터, 인공위성 자료, 항공기 관측 자료 등 고품질 데이터가 필수며, 이러한 데이터는 실시간 수집되어 예측 모델에 반영된다. 이를 통해 각국의 국가 기상 및 수문 서비스 기관(NMHSs)이 보다 정밀한 예보를 제공할 수 있게 된다(WMO, 2025b).

세계기상기구는 세계기상기구 정보시스템(WIS)을 기반으로 회원국 간 기후 · 날씨 데이터 공유를 지원하고 있다. 세계정보시스템센터(GISC) 포털을 통해 데이터 검색이 가능하며, 세계기상통신시스템(GTS)을 통해 실시간 데이터 교환이 이루어진다. 수집된 데이터는 세계기상기구 통합 처리 및 예측 시스템(WIPPS)으로 통합되며, 이 시스템은 수치 기상 예측(NWP), 지구 시스템 모델링(ESM), 향상된 데이터 동화 기능을 제공한다. WIPPS 지정 센터(WIPPS-DC)를 통해 회원국들은 최첨단 예측 모델과 응용 프로그램을 활용할 수 있다. 특히 WIPPS는 AI 기술을 접목해 초단기부터 며칠 또는 수주 단위의 예측 정확도를 향상하고 있다(WMO, 2025b;

WMO, 2025c; WMO, 2025d).

기후 예측 및 모델링 기술은 빙권, 수권, 기권, 생물권 등 지구 시스템 구성 요소에 대한 과학적 이해를 바탕으로 개발된 수치 모델을 활용해 과거 및 현재의 기후를 분석하고 미래 변화를 예측하는 기술을 말한다. 이 기술은 전구 기후 모의 기술과 지역 기후 모의 기술로 구분된다. 전구 기후 모의는 지구 시스템 모델링을 기반으로 대기, 해양, 해빙, 토양 등 다양한 모형을 통합해 대륙 규모 및 장기적 기후 예측에 활용되며, 지역 기후 모의는 특정 지역의 특성과 변화를 정밀하게 예측해 국지적 피해 대응 및 행정 단위별 계획 수립에 활용된다(녹색기술센터, 2019).

기상 예보는 시간대에 따라 구분된다. 6시간 이내의 예측은 '초단기 예보', 발표 시점 기준 모레와 글피를 대상으로 하는 것은 '단기 예보', 11일까지 예측하는 것은 '중기 예보', 계절 및 계절 내 변동을 다루는 것은 '장기 예보' 또는 '기후 전망'으로 분류된다. 기존에는 주로 수치 모델 기반의 수치 기상 예측와 지구 시스템 모델링이 사용되었으나, 최근에는 딥러닝 기반 예측 모델도 활발히 개발되고 있다(윤세영, 2023).

기후 예측은 1~3개월간 평균 대기 및 해양 상태를 전망하는 것이며, 계절 내 예측은 2주에서 2개월 범위의 평균 상태를 예측한다. 기후 예측은 단기 예보보다 불확실성이 크지만, 중장기 의사 결정을 위한 시나리오 제공에 유용하다. 다중모델앙상블(MME) 기법이 주로 사용되며, 기후 예측 정보는 수자원 관리, 에너지, 농업, 재난 관리, 보건 등 다양한 분야에 활용될 수 있다(신도식, 2023).

한편, 기후변화 모니터링과 예측에는 위성 관측 자료가 핵심적이다. 세계기상기구와 유엔환경계획은 지구기후관측시스템(GCOS)을 설립해 55종의 핵심 기후 변수를 정의하고 있으며, 대기, 지상, 해양 분야에서 다양한 데이터를 수집하고 있다. 극지방에서는 극궤도 기상위성이 하루 100회 이상의 관측을 수행하고 있으며, 이를 통해 빙하 면적 및 두께, 식생 변화, 일사량, 온실가스 농도 등 다양한 기후 지표를 정밀하게 모니터링할 수 있다. 위성 자료는 태양광 발전 입지 선정, 농업 전략 수립, 온실가스 감시 등에도 폭넓게 활용되고 있다.

## AI 기술과 기후변화 모니터링 및 예측

기후변화를 예측하여 대비하기 위한 분야에서는 AI 기술 적용이 점차 많이 필요해지고 있다. 머신러닝을 기반으로 하는 데이터 기반의 모델링은 날씨 예보에 큰 진전을 보였으며, 기존의 수치 모델 기반의 예측 방법보다 더 정확하고 빠르게 결과물을 도출할 수 있도록 도와준다. 또 AI 기술은 환경과 기후 모니터링 결과의 객관성과 접근성을 높이고 필요한 비용은 낮추는 이점이 있으며, 자연재해 예측, 대기 및 수질 모니터링 등 다양한 분야에 적용되어 활용되고 있다(Ben-Bouallegue et al., 2023; Olawade, 2024).

최근의 AI 기반 기상 및 기후 예측 성능은 크게 향상되고 있으며, 단 · 중기 기상 및 기후 예측을 넘어서 새로운 기후 상태하에서의 지구 시스템 특성 변화까지 예측할 수 있도록 진화했다. 기후변화 연구에서 AI 기법을 활용할 수 있는 방향은 크게 두 가지인데, 물리식에 기반하여 이상치를 탐지하는 방향과, 기후변화 시나리오에 기반한 역학 모형 데이터를 학습 샘플로 활용하는 방법이다. 물리식에 기반하여 이상치를 탐지하는 방법은 AI 기반 예측치가 기후변화 이전의 물리식에 따라 언제 어느 정도 변화가 생겼는지를 분석하여, 돌아올 수 없는 기후변화 변곡점 예측에 활용된다. 기후변화 시나리오에 기반한 역학 모형 데이터 학습 방법은 물리적 기반은 없으나, 과거 일정 기간의 지구 패턴 데이터를 통하여 미래를 예측하는 방법이며, 지구온난화로 인한 변수 간 관련성을 탐지할 수 있다(함유근, 2024).

기후변화 혹은 기상 변화의 예측을 위한 AI 기술 적용은 다양한 기법의 모델로 연구되고 있다. 엘니뇨와 남방진동(Southern Oscillation)의 예측을 위해서는 인공신경망(ANN), 합성곱 신경망(CNN)을 활용하여 다양한 연구가 진행되고 있으며, 해수면 상승의 예측과 관련해서는 서포트 벡터 머신(SVM), 관련성 벡터 기계(RVM), 장단기 기억 신경망(LSTM) 기법이 활용된 연구가 진행된 바 있다. 태풍 예측을 위해서는 저층 신경망, CNN, 순환 신경망(RNN), 행렬 인공 신경망, 생성적 적대 신경망(GANs), 심층 신뢰 신경망(DBN) 등의 기법이 활용된 연구가 다양하게 진행되었다. 또한, 폭염, 한파, 호우 등의 예측에는 그래프 신경망(GNN) 등의 기법을 활용한 연구가 진행되고 있다(전수환 · 김준규, 2024).

기후변화 모니터링 및 예측 분야에 AI 기술을 적용한 주요 사례는 국내의 에스아이에이(SIA), 디아이랩(DI LAB), 나라스페이스(Nara space), 한국과학기술원(KAIST)과 국립기상과학원(NIMS) 공동연구 사례, 그리고 국외의 아이비엠(IBM), 미국 국립 해양대기청(NOAA)과 구글의 협력, 마이크로소프트, 화웨이(Huawei), 구글 리서치(Google Research), 엔비디아, 유네스코 활동 사례 등의 내용을 통해 확인할 수 있다.

국내 기업 에스아이에이는 2018년에 설립되어 AI 기반의 위성 영상을 활용한 지리공간정보(GEOINT) 분석 솔루션을 제공하는 업체로, 고해상도 위성 영상 분석 결과를 토대로 도로의 차량 혼잡도, 항로상의 항공기 위치 추적 등이 가능하도록 정보를 제공한다. 에스아이에이가 제공하는 대표적인 서비스로는 위성 영상의 분석을 위한 'AI 팩(AI Pack)'과 위성 영상 분석 '플랫폼 SW(Platform SW)', 위성 영상의 해상도를 향상하는 '슈퍼X(SuperX)', 그리고 운량 이동 예측, 위성 센서를 통한 정밀 강우량 측정, 태풍 경로 예측을 위한 '웨더오(WeathO)'가 있다. 에스아이에이는 딥러닝 기술을 기반으로 날씨 예측 서비스를 제공하고 있으며, 구름과 강수 패턴 등의 정확하게 예측한 기후 정보를 제공한다(한국과학기술정보연구원, 2024)

디아이랩은 2020년에 설립된 국내 기업으로, 미세먼지, 온습도, 일사량, 소음, 진동 등의 센서 데이터를 분석하여 AI 기반의 이상 감지 및 예측 정보를 제공하는 솔루션 '디아이캐스트(DI CAST)'를 개발했다. 이를 통해 디아이랩은 위험 상황에 알림을 줄 수 있는 이상 감지 기능을 제공하고 있으며, 기상과 환경 수치 모델 데이터를 기반으로 학습 데이터를 구축하여 정확한 예측 데이터를 제공한다. 이와 함께 디아이랩은 태양광 발전 설비의 발전량 예측 정보를 제공하는 '모두솔라(Modoo Solar)', 공기질을 관리할 수 있는 '모두에어(Modoo Air)' 서비스를 운영하여 AI 기반의 최적 관리 방안을 제공한다. 또한, AI와 사물인터넷 센싱 기술을 활용하여 강수 관측 자료를 실시간 모니터링하면서 사전에 침수 위험을 탐지하여 대응할 수 있도록 도와주는 서비스도 제공하고 있다(한국과학기술정보원, 2024).

나라스페이스는 초소형 인공위성 시스템과 부품을 제작하고, 위성 데이터 활용 플랫폼을 제공하는 기업이다. 나라스페이스는 초소형 큐브 위성으로 관측하여 얻은 지역 관측 빅데이터를 기반으로 AI 분석을 통해 지역의 환경을 모니터링하고 초고해상화시키는 기술을 보유하고 있다. 나라스페이스는 초소형 위성 임무의 디자인 및 개발 단계부터 발사 후 운영까지 모두 총괄할 수 있는 솔루션을 보유하고 있으며, 온보드컴퓨터의 성능과 기술력은 미국 항공우주국(NASA)으로부터 최고 등급의 평가를 받았다. 나라스페이스는 인공위성 제작 판매와 함께 관심 지역에 대한 위성 영상과 이를 분석한 인사이트 및 솔루션을 제공하며, 이를 통해 탄소발자국 추적, 자연재해 모니터링, 스마트 도시 관리, 수자원 관리, 농작물 수확량 예측, 산림 및 식생 모니터링 등에 활용되고 있다(임지훈, 2024; Nara space, 2025)

한국과학기술원과 국립기상과학원은 공동으로 2021년부터 AI 기반의 기상 예측을 위한 사업을 추진하고 있으며, '알파웨더(Alpha Weather)'를 공동 개발하고 있다. 해당 사업은 'AI 초단기 강수 예측 기술 개발팀', '수치 모델의 물리과정 대체기술 개발팀', 'AI 예보지원 기술 개발팀'의 3개 연구팀으로 구성되어 있으며, AI 초단기 강수 예측 기술은 위성, 레이더, 지상 관측 자료를 토대로 6시간까지 8개 강수 구간에 대한 강수 확률을 예측하는 기술이며, AI 예보지원 기술은 예보관이 반복적으로 수행하는 수작업을 정형화하여 자동화하는 기술이다. 기상청은 해당 연구 결과를 바탕으로 2025년까지 시범 사업을 진행할 예정이며, 예보국의 검증 등을 통해 2026년부터 현업 운영할 예정이다(윤세영, 2023; KAIST, 2021; 매일경제, 2024).

IBM은 2016년 기상 정보 전문 기업 웨더컴퍼니(Weather company)를 인수 합병한 뒤, 2019년 AI 기반의 '글로벌 고해상도 기상 예측 시스템(GRAF)'을 개발하여 발표했다. IBM은 GRAF를 최초의 전 세계 고해상도 기상 예측 시스템으로 소개했으며, 10km~20km 해상도의 전통적 예측 모델보다 3~4배 정도 높은 해상도 성능을 발표했고, 단순한 기상 정보를 가치 있는 정보로 발전시켜 사용자의 의사 결정에 도움을 주는 것이 목적이라고 밝혔다. IBM의 GRAF는 강수량 예측에 장점이 있으며, 12시간 내 예보에 초점이 맞춰져 있고, 이에 따라 국지성 호우 예측과 같은 급작스러운 기상 악화 예측에 우수한 성능을 가지는 것으로 나타났다(전수환 · 김준규, 2024; 인공지능신문, 2019; 머니투데이, 2019).

2022년 미국 국립 해양대기청과 구글은 딥러닝 기반의 예측 모델 '메트네트(MetNet)-2'를 개발하여 발표했다. 메트네트-2는 최대 12시간까지의 강수량을 예측하는 모델이며, 이를 통해 초단기, 단기 강수 예측 성능을 개선했다(윤세영, 2023). 메트네트-2는 레이더 및 위성 이미지를 입력 정보로 활용하고 있으며, 모든 가능한 미래 기상 조건을 평균화하여 확률에 가중치를 두고 예측을 진행한다. 확률적 특성으로 인해 메트네트-2는 다양한 물리 기반 모델에서 예측한 일부 미래 기상 조건을 평균화하는 물리 기반 앙상블 모델에 비유할 수 있다(Google, 2021).

마이크로소프트는 2023년 날씨와 기후 과학을 위한 딥러닝 모델인 '클라이맥스(ClimaX)'를 발표했다. 클라이맥스는 광범위한 날씨 및 기후 모델링 작업을 수행하도록 범용적으로 훈련된 최초의 딥러닝 기반 모델이며, 더 나은 장기 예측을 하거나 낮은 해상도 모델 출력을 더 높은 해상도로 축소하는 데 도움이 될 수 있는 기능을 제공한다. 클라이맥스는 사전 학습-미세 조정 패러다임을 따르며, 물리학 기반의 기후 시뮬레이션 데이터셋을 일부 활용하여 학습 데이터셋으로 사용하고, 비전 트랜스포머(Vision Transformers)를 기반으로 하는 다차원 이미지-이미지 변환 아키텍처를 활용한다. 이를 통해 클라이맥스는 기존의 데이터 예측 시스템보다 더 좋은 성능의 날씨 예보가 가능하며, 온실가스가 기후 상태에 미치는 영향을 더 좋은 성능으로 확인하고, 기후 모델을 다운스케일링(Downscaling)하여 더 높은 해상도의 기후 예측을 제공할 수 있는 것으로 나타났다(Microsoft, 2023).

화웨이는 2023년 네이처 논문 "3차원 신경망을 활용한 정확한 중기 전 지구 기상 예측(Accurate medium-range global weather forecasting with 3D neural networks)"을 통해 AI 기반 기상 예측 모델인 '판구웨더(Pangu-Weather)' 모델을 발표했다. 판구웨더 모델은 기존의 수치 기상 예측 방법보다 1만 배 더 빠른 속도로 더 정확하게 날씨를 예측할 수 있는 AI 모델로 발표되었으며, 10일 동안의 태풍 경로를 예측하기 위하여 단일 그래픽 처리 장치 서버에서 10초 만에 수행할 수 있고, 태풍의 경로 외에도 전 세계 날씨 예보를 생성하여, 강수량, 추위, 더위 등을 정확하게 예측할 수 있는 것으로 나타났다. 유럽 중기 날씨 예보 센터(ECMWF)는 판구웨더 모델을 글로벌 날씨 예보에 적용하였으며, 이를 기반으로 유럽 중기 날씨 예보 센터는 다양한 기상 정보를 제공하면서 중국 남부에 상륙한 태풍 '독수리'의 경로를 성공적으로 예측하기도 하였다(Huawei, 2023: Huawei, 2025).

구글의 연구 부서 중 하나인 구글 리서치는 2024년 머신러닝과 기존 기후 모델을 결합하여 정확한 날씨 예측과 기후 시뮬레이션을 함께 수행할 수 있는 새로운 신경망 일반순환모형(GCM) 모델에 대한 연구 논문을 공개했다. 해당 모형은 기존의 전통적 일반순환모형보다 더 정확하고 효율적으로 기상과 기후를 예측하는 모델로, 최근 개발하는 다른 AI 기후 모델과 성능이 비슷하거나 그보다 뛰어나면서도 계산 효율이 높아서 컴퓨터 사용량을 크게 줄일 수 있는 특징이 있다. 기존의 날씨 예측 방법은 일반순환모형과 앙상블 예측이 사용되는 경우가 일반적이었는데, 구글 리서치의 연구는 이를 더 진보시킨 것으로 볼 수 있다. 신경망 기반 일반순환모형(Neural GCM)은 기존 GCM보다 8~40배 낮은 해상도로도 날씨 예측과 장기 기후 시뮬레이션을 안정적으로 수행한 것으로 나타났다(한국과학기술기획평가원, 2024).

미국의 반도체 기업 엔비디아는 2024년 생성형 AI 기술을 기반으로 기후의 복잡성을 정밀하게 예측할 수 있는 디지털 트윈 형태의 '엔비디아 어스-2(NVIDIA Earth-2)'를 개발했다. 엔비디아의 어스-2 플랫폼은 기상 데이터를 시뮬레이션 하기 위하여 너무 크고 복잡한 계산 비용을 줄이기 위하여 확산 모델링 기반 접근 방식인 '코어디프(CorrDiff)'를 활용했다. 코어디프는 엔비디아 연구 및 개발자 기술팀이 개발한 모델이며, 킬로미터(km) 단위의 해상도로 날씨 예측을 재정의하는 방식이다. 코어디프 방법은 해상도가 낮은 예보에서 세부 사항을 예측하여 더 세밀한 해상도 데이터와 유사한 극한 기상 현상의 공간 구조를 포함하여 더 정확한 예보를 만드는 방법이다. 이를 위하여 코어디프는 회귀 모델을 통해 세분화된 해상도 필드의 평균을 예측하고, 그 후 초기 예측에서 포착되지 않은 누락된 세부 정보를 추가하여 현실과 더 잘 일치하도록 하는 과정을 거친다. 어스-2는 기존 기상청의 방법보다 1000배 빠르고 분석 대상의 해상도를 10배 향상했으며, 대만의 실제 기상 데이터를 기반으로 대만 상공의 폭풍 경로를 예측하는 모델을 제시하기도 했다. 최근 대만 기상청은 어스-2를 도입하였으며, 엔비디아는 개발자나 연구자들을 위하여 더 쉽게 관련 기상 모델을 활용할 수 있도록 '어스2스튜디오(Earth2Studio)'를 개발하여 오픈소스로 공개하기도 했다(한국과학기술기획평가원, 2024; NVIDIA, 2024).

또 최근 유네스코는 '기후변화에 취약한 지역의 수자원 관리 개선을 위한 기후 서비스 강화: 아프리카와 라틴 아메리카 및 카리브해 지역 사례 연구(Enhancing Climate Services for Improved Water Resources Management in Vulnerable Regions to Climate Change: Case Studies from Africa and Latin America and the Caribbean)' 프로젝트를 기반으로 시의적절한 의사 결정을 지원하기 위한 지역 및 국가 수준의 홍수와 가뭄 모니터링 플랫폼 개발 활동을 추진하고 있다. 플랫폼은 프린스턴 대학 기후 연구소에 의해 제공되었으며, 모니터링 대상은 아프리카 대륙 전체를 포함해 카메룬, 모잠비크, 짐바브웨, 나미비아, 말라위 등 주요 국가와 지역 수준의 아프리카 전역이다. 해당 플랫폼은 지상과 위성 및 모델링된 데이터셋을 기반으로 하고 있으며, AI를 기반으로 향후 24~36시간 내에 예상되는 홍수 지역을 예측하여 알려준다(ITU, 2024).

## 참고문헌


녹색기술센터(2019). 녹색기후기술백서.

매일경제(2024.8.9). 6시간 이내 날씨, AI로 정확히 짚어주겠다. https://www.mk.co.kr/news/society/11088654

머니투데이(2019.12.16). IBM의 마이너리티리포트 "기상 예측해 기업리스크 줄인다". https://news.mt.co.kr/mtview.php?no=2019121616111288978

신도식(2023). 미래사회를 대비한 기후예측 정보의 가치 확산. 'AI 기술 활용' 기후예측 및 대응을 위한 토론회.

윤세영(2023). AI 기술과 기후예측. 'AI 기술 활용' 기후예측 및 대응을 위한 토론회.

인공지능신문(2019.12.16). AI 기반 기상 예측시스템... IBM 'GRAF' 서비스 가속화. https://www.aitimes.kr/news/articleView.html?idxno=14930

임지훈(2024). 기후테크 산업 동향 및 우수기업 사례를 통해 본 성공 전략. 한국무역협회 국제무역통상연구원.

전수환·김준규(2024). 기후 및 기상 변화 예측을 위한 인공지능. 《기계저널》, Vol 64, No 4.

한국과학기술기획평가원(2024). 과학기술&ICT 정책·기술 동향. No. 269.

한국과학기술원(2021.12.24). 김재철AI대학원 · 기상청 AI기상예측

연구센터 개소.
https://www.kaist.ac.kr/news/html/news/?mode=V&mng_no=18210
한국과학기술정보연구원(2024). S&T Data. vol 6.
함유근(2024). 인공지능(AI) 기반 기후변화 연구. 극지연구소.
Ben-Bouallegue, Z., et al.(2023). The rise of data-driven weather forecasting. arXiv. https://arxiv.org/abs/2307.10128
CRED, & UNDRR(2020). The human cost of disasters: An overview of the last 20 years (2000 – 2019).
Google(2021). MetNet-2: Deep Learning for 12-Hour Precipitation Forecasting. Google Research. https://research.google/blog/metnet-2-deep-learning-for-12-hour-precipitation-forecasting/
Huawei(2023). Huawei Cloud Pangu-Weather Model Now Available on European Weather Agency Website. https://www.huawei.com/en/news/2023/8/pangu-weather-forcast
Huawei(2025). AI Weather Prediction More Accurate, in Just Seconds. https://www.huaweicloud.com/intl/en-us/about/takeacloudleap2024/ai-weather-prediction.html
ITU(2024). United Nations activities on artificial intelligence (AI).
Microsoft(2023). Introducing ClimaX: The first foundation model for weather and climate. https://www.microsoft.com/en-us/research/articles/introducing-climax-the-first-foundation-model-for-weather-and-climate/
Nara space(2025). Nara space. https://www.naraspace.com/ko
NVIDIA(2024). How Generative AI is Empowering Climate Tech

with NVIDIA Earth-2. NVIDIA Developer. https://developer.nvidia.com/blog/how-generative-ai-is-empowering-climate-tech-with-nvidia-earth-2/

Olawade, D. B., et al.(2024). Artificial intelligence in environmental monitoring: Advancements, challenges, and future directions. Hygiene and Environmental Health Advances, 12, 100114. https://doi.org/10.1016/j.heha.2024.100114

Science Times(2010). 기후변화로 2100년까지 800조원 피해. https://www.sciencetimes.co.kr/nscvrg/view/menu/253?searchCategory=225&nscvrgSn=83074

UNDRR(2025). Early Warnings for All. https://www.undrr.org/implementing-sendai-framework/sendai-framework-action/early-warnings-for-all

WMO(2025a). About EW4All. Early Warnings for All. https://earlywarningsforall.org/site/early-warnings-all/about-ew4all

WMO(2025b). WMO and the Early Warnings for All Initiative. https://wmo.int/activities/early-warnings-all/wmo-and-early-warnings-all-initiative

WMO(2025c). WMO Information System (WIS). https://wmo.int/activities/wmo-information-system-wis

WMO(2025d). WMO Integrated Processing and Prediction System (WIPPS). https://wmo.int/activities/wmo-integrated-processing-and-prediction-system-wipps

07

## 기후 재난 관리를 위한 AI

기후변화로 인한 자연재해는 그 빈도와 피해 규모가 점차 커지고 있으며, 이에 효과적으로 대응하기 위해 국제사회는 다중위험조기경보시스템과 같은 통합 조기 경보 시스템 구축에 힘쓰고 있다. AI 기술은 이러한 재난 모니터링과 예측에 핵심 역할을 하며, 국내외 다양한 기관과 기업이 이를 실용화하는 사례들이 확산되고 있다.

AI와 윤동주?

## 기후변화로 인한 재난 관리 기술

기후변화로 인한 자연재해는 흔히 '재난'이라는 용어로 표현된다. 어원적으로 살펴보면, 재난의 영문 표현인 'Disaster'는 '별의 분리 또는 파괴, 행성 배열의 불일치로 인해 발생하는 대규모 갑작스러운 불행'을 의미하며, 현대 사회에서는 자연재해와 인적 재난을 포괄하는 개념으로 발전했다(김용균 외, 2015). 우리나라에서는 '재난 및 안전관리 기본법'을 통해 재난을 '국민의 생명 · 신체 · 재산과 국가에 피해를 주거나 줄 수 있는 것'으로 정의하고 있으며, 이를 자연 재난, 사회 재난, 해외 재난으로 구분하고 있다. 자연 재난은 태풍, 홍수, 호우, 강풍, 풍랑, 해일, 대설, 한파, 낙뢰, 가뭄, 폭염, 지진, 황사, 조류 대발생, 조수, 화산활동, 자연 우주 물체의 추락 및 충돌 등으로 발생하는 피해를 포함한다. 사회 재난은 화재, 붕괴, 폭발, 교통사고, 화생방 사고, 환경오염 사고, 다중 운집 사고, 감염병, 가축전염병, 미세먼지, 인공 우주 물체 추락 및 충돌 등으로 규정되며, 해외 재난은 대한민국 영역 밖에서 우리 국민에게 피해를 주거나 줄 수 있는 재난으로 정의된다(국가법령정보센터, 2024a). 한편, '자연재해대책법'은 재해를 '재난으로 인하여 발생하는 피해'로, 자연재해를 '자연 재난으로 인하여 발생하는 피해'

로 각각 정의하고 있다(국가법령정보센터, 2024b).

전 지구적으로 폭염, 홍수, 가뭄, 산불, 강풍 등으로 인한 피해는 매년 지속되고 있으며, 1970년대 이후 자연재해 발생 빈도는 꾸준히 증가해 왔다. 이러한 자연재해는 지구온난화에 따라 변화하는 기상 상황과 밀접한 연관이 있다. 일 최고 기온 상승은 폭염 발생과 직결되고, 강수량 증가는 홍수와 산사태의 원인이 된다. 고온 건조한 기후는 가뭄과 산불을 유발하며, 태풍은 강풍과 호우를 동반해 복합 재난을 초래한다(한국과학기술정보연구원, 2024).

1980년부터 2019년까지 자연재해 유형 중 가장 빈번하게 발생한 것은 홍수와 태풍이었다. 2000년부터 2019년까지 20년간의 자연재해 발생 비율을 살펴보면 홍수가 44%, 태풍이 28%, 지진이 8%, 폭염이 6%, 산사태와 가뭄이 각각 5%, 산불이 3%, 화산활동이 1%를 차지했다. 같은 기간 동안 피해 인구수를 기준으로 보면 홍수가 41%, 가뭄이 35%, 태풍이 18%, 지진이 3%였으며, 경제적 피해는 태풍이 47%로 가장 많았고, 이어 홍수 22%, 지진 21%, 가뭄 4%, 산불 3% 순이었다. 사망자 수를 기준으로는 지진으로 인한 사망이 58%로 가장 많았고, 이어 태풍 16%, 폭염 13%, 홍수 9% 순이었다. 자연재해로 인한 평균 사망자 수는 소득 수준이 낮을수록 높게 나타났다(CRED & UNDRR, 2020). 이는 자연재해 발생 빈도와 피해 정도가 반드시 일치하지 않으며, 사회적 취약계층이 더 큰 피해를 입을 수 있음을 보여 준다.

유엔의 '모든 사람을 위한 조기 경보(EW4ALL)' 이니셔티브가 강조하는 다중 위험 조기 경보 시스템(MHEWS)은 기후변화로 인한 재난 피해를 줄이기 위한 핵심 조치 중 하나다. 세계기상기구(WMO)에 따르면 다중 위험 조기 경보 시스템을 통해 과거 50년 동안 재난에 의한 사망률이 약 3배 감소했으며, 위험 발생 24시간 전에 경보를 제공할 경우 피해를 30% 줄일 수 있는 것으로 나타났다. 또한 개발도상국의 조기 경보 시스템에 8억 달러를 투자하면 연간 30억~160억 달러의 손실을 예방할 수 있다는 분석 결과도 제시되었다(UNFCCC & GEO, 2024).

다중 위험 조기 경보 시스템은 재난 위험 평가, 위험 모니터링, 예보 및 예측, 경보 전파와 대응 조치를 통합하는 시스템이다. 이 네 가지 기둥은 상호 긴밀하게 연결되어 있으며, 하나의 요소가 제대로 작동하지 않으면 전체 시스템의 효과성에 부정적 영향을 미칠 수 있다(UNFCCC & GEO, 2024).

첫째 기둥인 재난 위험 지식은 효과적인 조기 경보를 위한 기본 토대다. 유엔재난위험경감사무국(UNDRR)은 현재 전 세계적으로 위험 정보 접근성에 상당한 격차가 존재한다고 지적하고 있다. 2024년 기준, 기존 조기 경보 시스템을 갖춘 국가 중 절반 미만만이 적절한 재난 위험 정보에 접근할 수 있었으며, 특히 아프리카, 아메리카, 카리브해 지역에서는 포괄적 역량이 부족한 것으로 나타났다(UNDRR & WMO, 2024).

경고 전파 및 소통 단계에서는 위험 상황에 대한 신속하고 효과적인 커뮤니케이션이 중요하다. 국제전기통신연합(ITU)은 라디오, 텔레비전, 소셜미디어, 사이렌, 휴대전화, 위성 등을 통한 다중 경보 채널 활용을 권장하고 있다. 2023년 기준 전 세계 인구의 95%가 모바일 브로드밴드 네트워크에 접근할 수 있으며, 78%가 휴대전화를 소유하고 있어 이동통신 네트워크를 활용한 경보 시스템이 가장 효과적이라는 점이 강조되고 있다. 이에 따라, 이동통신 기반의 셀 브로드캐스트(CB) 및 위치 기반 문자 메시지(SMS) 경보 시스템이 주요 경보 전달 수단으로 활용되고 있으며, 유럽연합에서는 2022년까지 모든 국가가 이를 구축하도록 법제화했다(ITU, 2025).

조기 조치 및 대응 역량 강화는 EW4ALL 이니셔티브의 넷째 기둥으로, 국제적십자사연맹(IFRC)이 주도하고 있다. 국제적십자사연맹는 조기 경보가 실질적인 조치로 이어지기 위해 지역 및 국가 수준에서 사전 대응 계획과 훈련이 필요하다고 강조한다. 이를 위해 취약성 및 역량 평가를 바탕으로 교육과 훈련 프로그램을 운영하고 있으며, 필요한 지역에 대한 역량 강화 활동을 적극 지원하고 있다(IFRC, 2025).

기후변화에 따른 기후 정보 경보 시스템에는 다양한 기술이 적용된다. 극한 기후를 예측하기 위한 기술은 기후 변수 간 관계를 통계적으로 분석하는 통계적 예측 기술과, 대기과학 및 수문학 이론을 기반으로 하는 수치 모델 예측 기술로 구분된다. 또 극한 기후에 노출된 인간과 재산의 취약성을 평가하는 기술, 그리고 대상자에게 신속하게 경보를 전파하는 기술이 개발되어 있으며, 이러한 기술들은 극한 기후로 인한 피해를 최소화하는 것을 목적으로 하고 있다(녹색기술센터, 2019).

## AI 기술과 기후 재난 관리

기후변화로 인하여 발생하는 자연재해와 관련하여 AI 기술은 모니터링 및 예측 기술과 연계하여 많이 활용되고 있으며, 최근에는 최빈개도국(LDCs, Least Developed

Countries)과 군소도서개발도상국(SIDS)을 포함한 개발도상국의 태풍, 홍수, 가뭄 등에 대한 예보를 더 정확하게 제공하기 위하여 점차 많이 활용되고 있다. 이러한 AI 기술을 통한 접근은 재난 발생 시 적시에 경보를 제공하고, 관련된 대비 조치를 미리 취할 수 있도록 지원할 수 있으며, 기후변화에 취약한 지역사회에 더 많은 도움이 될 수 있다(UNFCCC, 2024).

기후변화에 따라 발생한 자연재해의 관리와 관련된 분야에 AI 기술을 활용한 주요 사례는 우리나라의 레인버드지오(RainbirdGEO), 한국과학기술정보연구원(KISTI), 삼성전자(Samsung Electronics)와 케이티(KT), SK텔레콤(SK Telecom), 사이버텔브리지(CyberTelBridge), 그리고 국외의 구글, 유엔 기업과 인권 이행 원칙(UNGP) 활동 사례, 유엔개발계획(UNDP) 활동 사례, 유엔위성센터(UNOSAT) 활동 사례, 유엔훈련연구소(UNITAR) 활동 사례, 유네스코 활동 사례, EW4ALL 이니셔티브 활동 사례 등의 내용을 통해 확인할 수 있다.

레인버드지오는 2018년에 발사된 정지기상위성의 자료를 분석하여 예측하고 이 정보를 모바일 애플리케이션 형태로 해당 국가 주민들에게 맞춤형으로 제공하는 사업을 하고 있다. 레인버드지오는 위성 자료를 통해 뇌우 조기 탐지, 산불 발생 탐지, 야간 광도를 이용한 에너지 사용량 예측, 돌발 홍수와 풍랑 및 산사태 위험 탐지 등의 분석을 진행한다. 위성 데이터는 10분마다 고해상도의 데이터를 수집하며, 수집된 위성 데이터를 오라클 클라우드 서버에 저장한다. 저장된 데이터를 통해 내부에서 개발된 위험 예측 알고리즘을 통해 분석한 결과를 토대로 재난 발생 시에 모바일 애플리케이션을 통해 알람을 발송한다. 레인버드지오의 기술은 유엔환경계획(UNEP)과 녹색기후기금(GCF)의 지원을 받아 2026년 완성을 목표로 태평양 국가 팔라우, 니우에, 마셜제도, 쿡제도, 투발루에 기술을 적용 중이며, 비정부기구 단체인 세이브더칠드런(Save the Children)의 지원으로 홍수 피해가 심각한 인도네시아 일부 지역에도 해당 기술을 적용했다. 또 한국환경산업기술원의 지원을 통해 네팔의 산사태를 실시간으로 예측할 수 있는 프로젝트를 진행하였고, 아시아개발은행(ADB)의 지원을 통해 캄보디아 지역의 폭염 취약 계층의 맞춤형 기상특보를 제공하는 프로젝트를 진행하기도 했다(한국과학기술정보원, 2024).

한국과학기술정보연구원은 도시 전체를 3차원 지리정보 시스템(GIS) 기반 가시화 기술로 표현하여 도시 침수를 예측하는 '도시 침수 솔루션(KUDS)'을 개발했다. 도시 침수 솔루션은 지리 정보 시스템 기반 자동 가시화 기술, 재난 데이터 표준화 및 융합 기술, 재난 데이터 간 자동 연계 탐색 기술, 최적 안전 대피로 탐색 기술, 재난별 자동 대응 프로세스 기술, 도시 침수 높이 센서 탐지 기술 등의 핵심 기술을 통해 솔루션을 개발하였으며, 이를 통해 실시간으로 도시 침수 상황을 파악하고 시민들의 대피 여부를 빠르게 결정할 수 있도록 지원한다. 도시 침수 솔루션은 도시 침수 피해 예측을 위하여 관련 데이터를 표준화하였고, 건물이 많은 도심 특성을 반영하기 위하여 수치 표면 모형(DSM)을 수치 표고 모형(DEM)과 결합하여 정확도를 높였다. 도시 침수 시뮬레이션은 도시 전체 또는 구와 동 단위에서도 수행이 가능하도록 설계되었다. 도시 침수 시뮬레이션은 부산 한국방송공사(KBS)에서 호우 기간 침수 대비 재난방송 도입으로 활용되어 사전에 위험 지역을 안내하고 안전대피소로 피할 수 있도록 하고 있으며, 지자체에서도 시민 안전 대피 기술로 활용하고 있다(한국과학기술정보원, 2024).

삼성전자, KT, 사이버텔브릿지 등의 기업은 재난 상황에 따른 통신 체계와 관련하여 경험과 기술력이 뛰어난 기업이다. 우리나라는 2021년 재난안전통신망(PS-

LTE) 방식의 2만 2000개 기지국을 설치하여 세계 최초로 핵심 임무 단일 통합 지휘통신 전국망을 개통하고 미션 크리티컬 푸시 투 토크(MCPTT) 체제로 전환을 완료했다. 이를 통해 경찰과 소방 및 지자체가 일원화된 통신 체계를 갖추고 정확한 재난 상황 파악과 대응이 가능해졌다. 재난안전통신망의 특징 중 하나는 음성 · 사진 · 영상 등 멀티미디어를 활용한 입체적 소통이 가능한 점이 있다. 삼성전자는 MCPTT 솔루션 기술을 보유하고 있으며, KT와 SK는 재난 통신망에 대한 기지국 구축 경험을 보유하고 있고, 사이버텔브릿지는 온디바이스 AI 기반의 차세대 단말 등의 솔루션 기술을 보유하고 있다(행정안전부, 2025; KT, 2021; 전자신문, 2024).

구글은 2017년 AI 기술을 바탕으로 전 세계 주요 하천에 대한 홍수 예측 시스템 '플러드 허브(Flood Hub)'를 공개했다. 해당 시스템은 특정 지역의 하천에 대하여 수 시간에서 1주일 정도까지의 수위를 예측할 수 있으며, 수위에 따라 주의 또는 경보를 온라인 및 모바일로 알람을 제공해 주는 기능이 있다(김성훈, 2024).

유엔 기업과 인권 이행 원칙은 자연재해와 분쟁에 대한 인도주의적 대응을 위하여 위성 이미지 데이터와 AI 기술을 활용하고 있다. 유엔 기업과 인권 이행 원칙은 유엔 글로벌 펄스(UN Global Pulse)와 유엔위성센터가 함께 개발한 '펄스새틀라이트(PulseSatellite)'를 활용하고 있는데, 펄스새틀라이트는 실시간으로 재훈련이 가능하고 상황과 지리적 영역에 맞게 조정될 수 있는 신경망 모델을 활용하는 협업형 위성 이미지 분석 도구다. 유엔 기업과 인권 이행 원칙은 이 방법을 통해 난민과 실향민들의 정착지 구조물 개수를 세는 AI 모델을 구축하고 있으며, 이와 함께 이 모델을 홍수 등의 자연재해에 따른 위험을 감지하여 대응하기 위한 방법으로 활용하고 있다(ITU, 2024).

유엔개발계획은 자연재해의 위험을 예측하고 감소시키면서 위기를 복구하기 위한 여러 가지 온라인 솔루션을 모니터링하고 추적하는 '재난 위험 감소를 위한 첨단 기술 레이더(FTR4DRR)'를 활용하고 있다. FTR4DRR는 유엔개발계획의 재난 위험 감소 및 회복력 구축팀(DRT), 유엔개발계획 서울정책센터(ICPSD) 지속가능발전목표 AI 연구소(SDG AI Lab, Sustainable Development Goals Artificial Intelligence Laboratory), 기업 연계 이니셔티브(CBi) 간의 파트너십을 통해 2022년에 개발된 온라인 도구다. 유엔개발계획은 이를 통해 다른 이해관계자들이 재난 위험 감고 및 관리를 위하여 디지털 솔루션을 효과적으로 탐색할 수 있도록 지원하는 것을 목표로 하고 있다. 또 유엔개발계획은 다양한 이해관계자들과 함께 인도주의적 위기와 재난의 관리를 위하여 의사 결정을 지원하기 위한 정량적, 분석적 제품을 개발하기 위한 포럼인 '인폼(INFORM)'에 참여하고 있다. 인폼에서는 '인폼워닝(INFORM-Warning)' 시스템을 개발 중이며, 해당 시스템은 향후 12개월 내에 영향을 받을 수 있는 기후 및 복합적 위험을 예측하고 시나리오 및 사건에 대해 경고하는 정량화된 다중 위험 정보를 제공하는 시스템이다(ITU, 2024).

유엔위성센터는 지속 가능 발전 목표(SDGs)를 지원하기 위한 지구 관측 활동에 AI 활용을 촉진하기 위하여 엔비디아와의 협력을 발표했으며, 초기 협력은 재난 관리 분야에 중점을 두기로 했다. 유엔위성센터와 엔비디아는 지구 관측을 위한 AI 기술의 연구 개발을 위하여 유엔위성센터 인프라 내부에 엔비디아의 가속 컴퓨팅 플랫폼을 통합하기로 하였으며, 홍수 감지용 딥러닝 활용에 관한 이러닝(E-learning) 과정을 설계하여 전 세계 재난 관리 기관 내의 데이터 과학자들의 기술 향상을 지원하기로 했다. 또 유엔위성센터는 홍수 취약 지역을 탐지하고 재난 관리를 지원하는 '유엔위성센터 S-1 플러드AI(S-1

FloodAI)' 시스템을 개발했다. 유엔위성센터 S-1 플러드 AI는 코페르니쿠스 센티넬(Copernicus Sentinel-1) 합성 개구레이더(SAR) 이미지를 자동으로 다운로드하며, 딥러닝 모델을 통해 홍수 벡터 데이터를 출력하고 대시보드를 제공하는 시스템이다. 유엔위성센터 S-1 플러드AI는 재난 대응을 최적화하는 의사 결정에 도움을 주기 위한 정보를 제공하며, 국가와 국제적 재난 관리를 지원하기 위하여 활용하고 있다(ITU, 2024).

유엔훈련연구소와 유엔위성센터는 AI 기술을 개발하는 트릴리움 테크놀로지스(Trillium Technologies) 및 프론티어 개발연구소 유럽(FDL Europe)과 협력하여, 머신러닝 기반의 홍수 대응 도구인 '엠엘포플러즈(ML4Floods)'를 활용하고 있다. 특히 유엔위성센터는 홍수 문제 해결을 위해 이 도구를 운영하고 배포하고 있다.

세계기상기구는 30개 파트너와 함께 컨소시엄을 구성하여 유럽연합 집행위원회(EC)가 지원하는 호라이즌 유럽 프로젝트(Horizon Europe project)인 '지중해 및 범유럽 자연재해 예측 및 조기 경보 시스템(MedEWSa)'을 추진했다. MedEWSa는 AI 기반의 의사 결정 지원 솔루션이며, 영향 예측, 조기 경보, 다중 위험 역학 등의 분야에서 활용 가능한 솔루션이다. MedEWSa는 유럽과 지중해 및 아프리카 지역에 통합된 조기 경보 제공을 목표로 하였으며, 지속 가능 발전 목표와 유엔의 '모두를 위한 조기경보(EW4ALL, Early Warnings for All)' 이니셔티브에 기여할 것이다(ITU, 2024).

유네스코가 진행하는 '남부 아프리카의 기후변화 적응을 위한 관측소로서의 생물권 보전 지역(The Biosphere Reserves as Observatories for Climate Change Adaptation in Southern Africa)' 프로젝트에는 모잠비크의 홍수 패턴을 예측하기 위해 AI가 사용되고 있으며, 이를 통해 재난을 지역사회에 경고하는 조기 경보 시스템을 제공할 수 있는 기반을 마련했다(2050 탄소중립녹색성장위원회, 2023).

유엔재난위험경감사무국과 마이크로소프트 및 '모두를 위한 조기경보' 이니셔티브에 참여하는 파트너들은 에티오피아 정부 및 연구소와 협력하여 자연재해 영향을 받을 위험이 높은 지역사회를 식별했다. 이들은 AI 기술과 위성 이미지 및 예측 모델링을 활용하여 지역사회의 인구 규모를 추정하고, 미래의 인구 증가를 추적하였으며, 이를 통해 재난 발생 시 조기 경보 시스템을 더 효과적으로 대상화하기 위한 기반을 마련했다(UNFCCC, 2024).

## 참고문헌


국가법령정보센터(2024a). 재난 및 안전관리 기본법. 대한민국 법제처. https://www.law.go.kr/%EB%B2%95%EB%A0%B9/%EC%9E%AC%EB%82%9C%EB%B0%8F%EC%95%88%EC%A0%84%EA%B4%80%EB%A6%AC%EA%B8%B0%EB%B3%B8%EB%B2%95

국가법령정보센터(2024b). 자연재해대책법. 대한민국 법제처. https://www.law.go.kr/lsInfoP.do?lsId=000959&ancYnChk=0#0000

김성훈(2024). 정책제안 AI를 활용한 물관리 현황 및 바람직한 활용 방안. 《월간 공공정책》, 226, 58-61.

김용균 외(2015). 최적 재난대응을 위한 재난유형 구분. 《한국방재학회논문집》, 15(6), 179-188.

녹색기술센터(2019). 《녹색기후기술백서》.

전자신문(2024.10.24). K-재난망 솔루션, 북유럽 진출한다…국제협력 강화. https://www.etnews.com/20241024000004

한국과학기술정보연구원(2023). S&T Data. vol 2.

한국과학기술정보연구원(2024). S&T Data. vol 6.

행정안전부(2025). 재난안전통신망. https://www.mois.go.kr/frt/sub/a06/b11/policyBriefingView/screen.do

2050 탄소중립녹색성장위원회(2023). 파리협약 6.4조 매커니즘 관련 규정 채택 및 기후행동을 위한 AI 기술 동향. 탄소중립 데일리 브리핑 제11호.

KT(2021). 18년 만에 이뤄낸 세계 최초 '재난망'...국민안전 기반 확보. KT Enterprise.

https://enterprise.kt.com/bt/dxstory/703.do

CRED, & UNDRR(2020). The human cost of disasters: An overview of the last 20 years (2000 – 2019).

IFRC(2025). Early Warnings for All. https://www.ifrc.org/our-work/disasters-climate-and-crises/climate-smart-disaster-risk-reduction/early-warnings-all

ITU(2024). United Nations activities on artificial intelligence (AI).

ITU(2025). Early Warnings for All Initiative. https://www.itu.int/en/ITU-D/Emergency-Telecommunications/Pages/Early-Warnings-for-All-Initiative.aspx

UNDRR(2025). Early Warnings for All. https://www.undrr.org/implementing-sendai-framework/sendai-framework-action/early-warnings-for-all

UNDRR, & WMO(2024). Global Status of Multi-Hazard Early Warning Systems. Geneva, Switzerland.

UNFCCC(2024). Artificial Intelligence for Climate Action in Developing Countries: Opportunities, Challenges and Risks. Technology Executive Committee.

UNFCCC, & GEO(2024). Realising early warnings for all: Innovation and technology in support of risk-informed climate resilience policy and action. United Nations Climate Change Secretariat.

## 08
# 식량 안보를 위한 AI

기후변화는 농업 생산성과 식량 안보에 심각한 위협을 가하고 있으며, 이에 대응하기 위한 기술적 접근이 필수적이다. 이 글은 농업 분야의 온실가스 배출 현황, 기후변화 영향, 유전 자원 및 생산 등의 관련 기술을 알아보고, AI 기반 정밀 농업과 같은 최신 기술 적용 사례를 통해 지속 가능한 농식품 시스템 전환의 방향을 모색한다.

AI와 한의학?

## 농업 분야의 기후변화 대응 기술

2024년 국제연합 식량농업기구(FAO), 국제농업개발기금(IFAD), 유엔아동기금(UNICEF), 세계식량계획(WFP), 세계보건기구(WHO)는 공동으로 《2024 세계 식량 안보 및 영양 현황(The State of Food Security and Nutrition in the World 2024)》 보고서를 발표했다. 해당 보고서는 2023년 전 세계 기아 인구수를 7억 3300만 명으로 추정했으며, 기아 인구수가 3년 연속 답보 상태이며, 2019년 대비 약 1억 5200만 명이 증가한 수준임을 밝혔다. 이는 전 세계 11명 중 1명이 기아에 직면해 있다는 뜻이다. 2023년 전 세계 기아 인구의 절반 이상은 아시아에 있으며, 아프리카는 기아 인구 비율이 지속적으로 상승하여 2023년 20.4%까지 증가했다. 전 세계 중간 또는 심각한 식량 불안 인구수는 약 23억 3000만 명이며, 이 중 8억 6400만 명 이상의 인구는 이따금 하루 종일 또는 그 이상의 기간 동안 식품을 섭취하지 못하는 심각한 식량 불안을 경험한 것으로 나타났다. 또 전 세계 인구의 3분의 1은 경제적인 이유로 건강한 식단을 감당할 수 없는 것으로 나타났다. 해당 보고서는 현재 추세가 이어진다면, 2030년에는 약 5억 8200만 명이 만성 영양부족으로 고통받을 것이며, 이들 중 절반 정도가 아프리카 대륙 거주 인구일 것이라고 밝혔다(FAO 한국협회, 2024a; FAO, IFAD, UNICEF, WFP, & WHO, 2024).

한편, 이와 같은 식량 불안과 영양 불량의 주요 원인은 기후변화, 식품 가격 인플레이션, 분쟁, 경기 침체 등으로 나타나고 있다. 특히 기상 이변은 2022년 12개국 5700만 명, 2023년 18개국 7700만 명 이상이 높은 수준의 급성 식량 불안에 시달리게 된 주요 원인으로 꼽힌다(FAO 한국협회, 2024a; WFP. 2024).

2022년 기준 글로벌 농업 부가가치는 지난 20년간 89% 증가해 3조 8000억 달러 규모에 도달했으나, 같은 해 소비자용 식품의 약 20%에 해당하는 10억 5000만 톤의 식품이 폐기되었다. 농업이 전 세계 국내총생산(GDP)에서 차지하는 비율은 2000년 이후 4% 수준을 유지했지만, 농업 종사자 비율은 2000년 40%에서 2022년 26%로 감소했다. 한편, 농약 사용량은 2000년 대비 70% 증가했으며, 농식품 시스템에 의한 온실가스 배출량은 같은 기간 10% 증가했다. 2022년 전체 농식품 시스템 온실가스 배출량 중 약 48%는 농장 내 활동에서 발생했다. 식품 폐기 및 손실로 인한 온실가스 배출량은 전 세계 온실가스 배출량의 약 8~10%를 차지하며, 이는 항공업계 배출량의 약 5배에 해당한다(FAO 한국협회, 2024b;

FAO 한국협회, 2024c; FAO, 2024).

기후변화로 인한 심각한 식량 불안은 특히 저소득 및 중간소득 국가를 중심으로 확산될 것으로 예상된다. 이에 따라 파리협정에서는 '식량 안보 보장과 기아 종식의 근본적 우선순위' 및 '식량 생산 시스템의 기후변화에 대한 특별한 취약성'을 명시하였다(FAO, 2017).

식량농업기구의 《식량과 농업의 미래 : 동향과 과제(The future of food and agriculture: Trends and challenges)》 보고서에 따르면, 농업 생산 및 이에 따른 토지 이용 변화는 전 세계 온실가스 주요 배출원 중 하나로 확인된다. 지난 50년 동안 농업, 임업 및 기타 토지 이용(AFOLU) 부문의 온실가스 배출량은 거의 2배 증가했으며, 2010년 기준 같은 부문 배출량은 약 10.6기가톤(Gt) 이산화탄소 환산량($CO_2$-eq)에 달했다. 이는 토지 이용 변화, 축산, 토양 및 영양소 관리 등에 기인하며, 전 세계 온실가스 배출량의 약 21%를 차지한다. 여기에 농업 부문 에너지 사용 및 식품 가공, 운송 등 관련 활동까지 포함하면 농업은 약 26%에 해당하는 온실가스를 배출하는 것으로 분석된다. 특히 농업은 전 세계 메탄 및 아산화질소 배출의 주요 원천이며, 메탄은 반추동물의 장내 발효 및 벼 재배 과정에서, 아산화질소는 질소 비료 사용 및 가축 분뇨 관리 과정에서 발생한다(FAO, 2017).

농업 분야에서 온실가스 감축을 위해서는 '온실가스 집약도'가 낮은 식량 생산으로 전환하는 것이 필요하다. 예를 들어, 축산업에서는 사료 개선을 통해 장내 발효로 인한 메탄 배출을 줄이고, 더 적은 동물로 더 많은 식량을 생산하는 집약화 방식을 적용할 수 있다. 농업에서는 대체 습윤 및 건조 기법을 통해 물 사용량을 15%~25% 줄이고, 메탄 배출량을 30%~70% 감소시킬 수 있다(FAO, 2017).

기후변화에 관한 정부 간 협의체(IPCC)에 따르면, 기후변화는 지역별로 차이는 있지만 작물 생산에 부정적 영향을 미칠 가능성이 높다. 강수량 변동성 증가, 가뭄, 홍수 등으로 인한 작물 수확량 감소, 고온에 따른 초지와 방목지 축산업의 피해, 사료 품질 저하 등이 나타날 수 있다. 또 기후변화는 일부 주요 작물(밀, 쌀, 콩 등)의 미네랄 및 단백질 함량을 감소시키고, 탄수화물 비율을 증가시키는 등 작물 영양 특성에도 부정적 영향을 미친다. 기후변화에 관한 정부 간 협의체는 기후변화가 식품 가격 상승과 식품 접근성 저하를 초래할 수 있으며, 이는 저소득 및 중간소득 국가의 영양실조 및 사망 위험을 심화할 수 있다고 분석했다(FAO, 2017).

한편, 농업 분야에서의 기후변화 적응 조치는 수확량 향상에 기여할 수 있다. 기후변화에 관한 정부 간 협의체는 농업 적응 조치가 작물 수확량을 15~18% 향상할 수 있다고 평가했으나, 이는 극한 기후 조건 및 사회적 여건을 함께 고려해야 한다. 식량농업기구는 소규모 농가의 생산성 향상을 위해 인프라 개선, 기후 정보 제공, 지도 제작, 사회 보험 강화 등이 필요하다고 제시했다. 또 지역 기후에 적합한 품종 개발과 식품 가공, 포장, 유통, 저장, 무역 등 공급망 전체를 고려하는 접근이 필요하다(FAO, 2017).

식량농업기구는 《식량과 농업의 미래: 변혁을 위한 동인과 트리거(The future of food and agriculture: Drivers and triggers for transformation)》 보고서를 통해 농식품 시스템 전환의 필요성을 강조했다. 보고서에서는 전체 시스템을 환경 시스템(Environmental Systems), 사회경제 시스템(Socioeconomic Systems), 농식품 시스템(Agri-food Systems)으로 구분하고, 이 시스템들이 기관 및 거버넌스, 소비자 인식, 소득 및 부의 분배, 혁신 기술이라는 네 가지 변화 트리거에 의해 영향을 받는다고 설명했다. 농식품 시스템은 생산, 가공, 유통, 소비, 저장, 폐기 등 6개 핵심 활동을 중심으로 운영되며, 이로부터 식량 안보, 영양, 온실가스 순배출, 토지 및 수자원 변화, 임금과 이익, 사회적 안정성, 생물다양성 등에 광범위한 영향을 미친다. 특히, 혁신 기술 트리거에는 빅데이터 활용, 식품 가격 통제, 지속 가능한 해양 경제, 전염병 대응, 생태계 악화 대응 등이 포함된다. 보고서는 이러한 시스템 상호 연결성을 고려해 네 가지 미래 시나리오를 제시하고, 긍정적 미래로 나아가기 위해 정부, 소비자, 기업, 학계가 책임감 있는 행동과 혁신을 촉진해야 한다고 권고했다(FAO, 2022a; FAO, 2022b).

기후변화에 대응하기 위한 농업과 축산 관련 기술은 기후 환경 변화 속에서 현재와 미래의 식량 자원을 확보하기 위한 유전자원 · 유전 개량 기술, 작물 재배 · 생산 기술, 가축 질병 관리 기술, 가공 · 저장 · 유통 기술 등으로 나뉜다. 유전자원 · 유전 개량 기술은 농작물 및 육류의 품종 개선에 필요한 유전자원을 수집하고 새로운 품종을 개발하는 기술을 의미하며, 유전자원 수집 및 관리 기술, 전통 및 분자 육종 기술, 유용 외래 유전자 도입 기술, 유전체 편집 기술, 품종 개량 등의 하위 기술이 있다. 작물 재배 · 생산 기술은 작물의 종자, 육묘, 시설 재배, 작물 보호, 농기계 등에 관련된 기술이 있으며, 가축 질병 관리 기술은 환경 영향에 따른 가축 질병 제어와 가축 질병 대응 시스템 구축 기술 등이 있고, 농축산물의 가공 · 저장 · 유통 기술은 에너지 저감 대체 가공 기술과 식품 안전 기술 등이 있다(녹색기술센터, 2019).

## AI 기술의 농업 분야 적용 사례

농업 분야에서 AI 기술은 식량 안보 문제를 해결할 수 있는 주요한 기술로 주목받고 있으며, 기후변화에 따라 영향을 비교적 많이 받는 최빈개도국(LDCs, Least Developed Countries)과 군소도서개발도상국(SIDS)에는 필수적으로 고려되어야 하는 기술이다. AI 기술 기반의 정밀 농업은 수확량 향상과 자원 사용 감소에 잠재력을 보여 주었고, 머신러닝 모델을 통해 기상 패턴과 토양 데이터를 분석하여 농부들에게 필요한 지침을 전달하고 식량 안보를 강화하는 데 도움이 될 수 있다. 또 AI 기술은 토양 유형과 고도 및 인프라 근접성 등의 데이터를 토대로 토지를 이용하는 패턴의 변화를 예측하고, 토지 피복 변화를 예측하여 토지 이용 계획에 도움이 될 수 있다. 이와 함께 AI 기술은 토양 건강, 황폐화 및 수자원 데이터 등을 기반으로 농업을 위한 자연조건을 모니터링하고, 자원을 더 효과적으로 관리할 수 있다. 이와 같이 농업 분야에서의 기후변화 대응을 위하여 AI 기술은 최적의 파종 시기를 예측하여 일정을 최적화하고, 토양의 상태를 평가할 수 있으며, 해충과 질병의 발생을 모니터링하고 예측할 수 있고, 작물 건강을 모니터링하면서 최적화된 상태로 관리할 수 있으며, 최소한의 물을 사용하면서 식량 생산을 효율적으로 늘릴 수 있다(2050 탄소중립녹색성장위원회, 2023; UNFCCC, 2024).

농업 분야의 기후변화 대응을 위한 활동에 AI 기술을 적용한 주요 사례는 인도의 크롭인 테크놀로지스(CropIn Technologies), 탄자니아 도도마 대학교(University of Dodoma), 사하라 이남 아프리카(SSA, Sub-Saharan Africa)의 오픈소스 프로젝트, 인도의 개발 모니터링 및 평가실(DMEO), 가나과학기술정보연구소(GISTI), 짐바브웨의 에이비엠 파라사 IT 및 디지털 컨설팅(abm^par-assa IT/Digital Consulting), 케냐의 지역 개발 연구소(LDRI), 인도네시아 북수마트라, 식량농업기구 활동 사례, 국제농업개발기금 활동 사례 등의 내용을 통해 확인할 수 있다.

인도 기업 크롭인 테크놀로지스는 지구환경기금(GEF)의 적응 혁신 챌린지 펀드(Adaptation Innovation Challenge Fund)에서 자금을 지원받고 국제농업개발기금의 주도하에 스마트농업 프로젝트를 추진했다. 스마트농업 프로젝트의 목표는 실시간 날씨 및 기후 데이터 제공과 농장 자문 서비스를 통해 에티오피아와 르완다의 소규모 농부들이 기후변화에 적응하고 작물 생산성과 식량 및 영양 안보를 개선할 수 있도록 하는 것이며, AI와 머신러닝 및 원격 감지와 모바일 통신 등의 기술을 기반으로 날씨 및 기후 자문과 데이터 기반 농업 자문의 서비스를 제공한다. 해당 프로젝트는 2년 동안 에티오피아 10만 명, 르완다 3만 명의 농부를 대상으로 추진될 예정이다(ITU, 2024a).

탄자니아의 도도마 대학교는 농업 분야에 AI 기술을 적용하여 전통적인 관개 방법의 효율성을 높이는 솔루션을 제시했다. 해당 솔루션은 AI를 기반으로 스마트 관개 시스템을 구축하여 물 사용을 최적화하고, 관개 일정을 실시간으로 모니터링하면서 조정한다. 해당 솔루션은 실시간 센터 데이터를 통해 작물 상태, 토양 수분 수준, 물 필요 사항 등에 대해 예측 분석을 진행하여 관개를 위한 물 제공의 효율성을 향상할 수 있다. 향후 해당 솔루션은 탄자니아 현지 조건에 맞춤형으로 AI 모델을 구축하고 사용 범위를 확장할 예정이다(ITU, 2024b).

사하라 이남 아프리카에서는 낮은 생산성과 수익으로 인하여 농업이 가난한 사람의 직업으로 여겨지지만, 해당 지역 전체 식량의 80% 이상은 소규모 농부들로부터 생산된다. 나이지리아에서는 농업 분야의 기후변화와 작물 질병에 대응하기 위하여 AI 기반의 오픈소스 프로젝트를 진행하였으며, 데이터와 모바일을 통해 농장 운영을 최적화할 수 있는 솔루션을 개발했다. 이 프로젝트는 사물인터넷, 모바일 앱, 웹사이트 등을 기반으로 작물 추천 시스템과 작물 질병 탐지기를 제공하고 있으며, 작물 추천 시스템은 추천 작물 및 토양 데이터로 학습된 머신러닝 모델을 토대로 토양 환경에 따라 적합한 작물을 추천해 주고, 작물 질병 탐지기는 대규모 작물 이미지 데이터로 학습된 딥러닝 모델을 활용하여 작물 질병을 식별하여 치료에 필요한 권장 사항을 제공한다(ITU, 2024b; Github, 2025).

인도는 전체 노동력의 약 59%가 농업 부문에 종사하며, 농업은 국내총생산의 약 23%를 차지하는 분야다. 인도의 국가변혁기구(NITI Aayog) 산하의 개발 모니터링 및 평가실은 인도의 농업 문제를 개선하고자 AI 기술을 통해 다양한 데이터를 통합하고 최적의 농업 정책과 전략을 예측하고자 했다. 이를 위하여 해당 기관은 인도 농업 통계 연구소(IASRI), 인도 토양 과학 연구소(IISS), 국립 토양 조사 및 토지 이용 계획국(NBSS&LUP), 인도 기상청(IMD), 인도 우주 연구 기구(ISRO), 농업 및 농민 복지부(MoA&FW) 등의 정부 기관에서 생산된 데이터와 농업 마케팅 정보 네트워크(Agmarknet)와 같은 이니셔티브 데이터를 통합하여 구축했다. 이와 같이 통합 구축된 데이터를 기반으로 개발 모니터링 및 평가실은 AI 기술을 통해 농업 분야의 자원의 효율성을 높이고 환경의 영향을 최소화할 수 있는 방안을 제시하고, 정부가 추진해야 하는 농업 발전 및 식량 안보를 위한 주요 과제 방안을 제시하며, 농부들에게는 현대적 농업 기술에 대한 교육을 제공하고 있다. 이를 통해 개발 모니터링 및 평가실은 인도의 기후 조건, 토양 비옥도, 작물 육종, 수자원 관리, 종자 품질, 농약, 비료, 기계, 농부 훈련 및 교육, 정부 정책 등의 요소를 고려하여 인도 남부 텔랑가나주의 카맘 지구 7000명의 농부를 대상으로 한 농업 AI 기술의 시범 연구를 진행하였으며, 6개월 후 농부들의 순수입을 2배로 증대하는 성과를 거두었다(ITU, 2024b).

가나 과학산업연구위원회 산하 가나과학기술정보연구소는 국가에서 제공하는 넓은 지역의 일반화된 기상 예측의 한계점을 극복하기 위하여 AI 기술을 기반으로 지역 농부들에게 날씨 정보와 토양 분석 정보를 제공해 줄 수 있는 관측소 기술을 개발했다. 해당 관측소는 비교적 저렴하게 설치할 수 있으며, 이를 통해 지역 농지에 정확하고 지역화된 예측 정보를 제공할 수 있다. 해당 관측소는 AI 기술을 통해 강우 강도, 풍향 및 강도, 온도, 습도, 기압, 공기 질 등의 실시간 데이터를 수집하며, 동시에 실시간으로 토양의 온도, 습도, 수소 이온 농도(pH) 수준 등의 데이터를 측정할 수 있다. 또 수집된 데이터는 모바일 앱이나 웹 브라우저를 통해 직관적인 대시보드 형태로 시각화되어 정보를 제공할 수 있다(ITU, 2024b).

짐바브웨의 기업 에이비엠 파라사 IT 및 디지털 컨설팅은 위성 이미지와 AI 기술을 기반으로 농업 작물을 모니터링하기 위한 노력을 기울이고 있다. 에이비엠 파라사는 위성 이미지 데이터를 통하여 넓은 농업 지역의 작물 건강에 대한 실시간 모니터링과 함께, 관개, 비료 적용, 해충 방제에 대한 데이터 기반 의사 결정이 가능하도록 AI 기반의 정보를 제공할 수 있는 기술을 개발했다. 향후 에이비엠 파라사는 이러한 기술력을 토대로 AI 솔루션을 개발하고 실제 사용 사례를 넓혀 나갈 예정이다(ITU, 2024b).

케냐의 비영리단체인 지역 개발 연구소는 독일의 AI 기술 적용 프로젝트인 '페어 포워드(FAIR Forward)'를 통하여 소규모 농민들의 작물 수확량 예측 및 모니터링 기술을 개발했다. 이 연구소는 기상 관측소, 위성 이미지, 토양 센서 등의 데이터를 통합 · 분석하여 현지 농업에 불리한 조건을 예측하고, 선제적 조치를 통해 작물과 자원의 손실을 줄이게 하였으며, 현지 언어를 통합적으로 제공하여 다양한 농민들이 서비스에 접근할 수 있도록 했다(UNFCCC, 2024).

인도네시아 북수마트라에서는 인공 신경망 기술을 토대로 토지 이용과 피복 변화를 예측하는 기술을 개발했다. 해당 기술은 고도, 경사, 도로 근접성 및 토양 유형 등의 요소 데이터를 활용하여 토지를 이용하는 패턴 변화의 시뮬레이션을 제공하며, 이를 통해 2050년 혹은 2070년까지의 변화를 예측하여 토지 이용을 위한 정책 입안자와 의사 결정자에게 필요한 정보를 제공한다(UNFCCC, 2024).

식량농업기구는 위성 데이터를 토대로 지리 정보 시스템 기술에 AI 기술을 적용한 지리정보 AI(GEO-AI) 및 머신러닝을 활용하여 작물의 생물 계절학과 작물 달력을 제작하고 있으며, 여러 지역에서 시범적으로 알고리즘을 개발한 뒤, 전 세계 데이터셋을 제작할 예정이다. 이와 함께 식량농업기구는 지속 가능한 농업 생산을 위한 수자원을 모니터링하기 위하여 '원격 탐사 기반 데이터의 개방적 접근을 통한 물 생산성(WaPOR, Water

Productivity through Open access of Remotely sensed derived data)' 포털 서비스를 제공하고 있으며, 전 세계적으로 300m 공간 해상도를 통해 주요 토지 및 수자원 변수에 대한 정보를 제공한다. 또 농작물을 먹는 해충인 가을 군대벌레의 침입을 모니터링하고 실시간 상황을 파악할 수 있는 모바일 앱을 제공하고 있으며, 이를 통해 지도와 분석이 포함된 글로벌 상황 파악과 의사 결정을 위한 즉각적인 조언을 제공한다. 식량농업기구는 농업 부산물을 활용해 젖소 사료를 혼합하는 데 도움이 될 수 있는 동물 사료 계산기 애플리케이션도 제공하고 있으며, 이를 바탕으로 젖소의 영양 요구량을 분석해 우유 생산량 증대를 목표로 하는 프로젝트를 추진 중이다. 이 프로젝트는 대규모 언어모델(LLM)과 머신러닝 기술을 기반으로 최적의 사료 혼합 비율을 제공하는 것을 지향하고 있다(ITU, 2024a).

국제농업개발기금은 지속 가능한 식량 생산과 유통 및 소비 등을 위하여 국가별 계획과 전략을 수립하도록 지원하고 있으며, 이를 통해 '식품 시스템을 위한 국가 경로(National Pathways for Food Systems)'를 만들고 실행하도록 지원하고 있다. 국제농업개발기금은 식품 시스템의 원인과 구성 요소 및 결과 등에 대하여 문장을 분류하고 주제를 식별하기 위하여 AI 기술을 적용하고 있으며, 생성형 AI와 대규모 언어 모델 등을 통하여 국가별 전략, 프로젝트 보고서 등의 문서를 분석하고, 이를 통해 글로벌 식품 시스템 현황을 파악하고 있다. 또 국제농업개발기금은 비영리단체 디지털 그린(Digital Green)과 협력하여 농장 생산성과 기후변화 적응을 위한 스마트폰 애플리케이션 '파머챗(Farmer.Chat)'을 시범 운영하고 있으며, 이를 통해 소규모 농부들에게 현지 언어로 맞춤형 자문을 제공하고 있다(ITU, 2024a).

### 참고문헌

녹색기술센터(2019). 《녹색기후기술백서》.

2050 탄소중립녹색성장위원회(2023). 파리협약 6.4조 매커니즘 관련 규정 채택 및 기후행동을 위한 AI 기술 동향. 《탄소중립 데일리 브리핑》, 제11호.

FAO 한국협회(2024a). 2024 세계 식량안보 및 영향 현황 보고서 공개 "글로벌 위기 심화로 기아 인구수 3년 연속 높은 수준에 머물러". 국제기구 농수산동향 모니터링.

FAO 한국협회(2024b). FAO, "2024 세계 식량농업 통계연감" 발간. 국제기구 농수산동향 모니터링.

FAO 한국협회(2024c). UN 보고서 "전 세계적으로 하루 10억끼 이상의 식사가 폐기돼". 국제기구 농수산동향 모니터링.

FAO(2017). The future of food and agriculture – Trends and challenges.

FAO(2022a). The future of food and agriculture: Drivers and triggers for transformation.

FAO(2022b). New UN report warns that global food crises 'likely to increase' in the future without wider systemic change. FAO. https://www.fao.org/newsroom/detail/new-un-report-warns-that-global-food-crises-likely-to-increase-in-the-future-without-wider-systemic-change/en

FAO(2024). World Food and Agriculture – Statistical Yearbook 2024.

FAO, IFAD, UNICEF, WFP, & WHO(2024). The state of food security and nutrition in the world 2024.

Github(2025). Cognexus-Labs/FarmX. https://github.com/Cognexus-Labs/FarmX

ITU(2024a). United Nations activities on artificial intelligence (AI).

ITU(2024b). AI for Good Impact Report.

UNFCCC(2024). Artificial Intelligence for Climate Action in Developing Countries: Opportunities, Challenges and Risks. Technology Executive Committee.

WFP(2024). Global Report on Food Crises: acute hunger remains persistently high in 59 countries with 1-in-5 people assessed in need of critical urgent action. https://www.wfp.org/news/global-report-food-crises-acute-hunger-remains-persistently-high-59-countries-1-5-people?_ga=2.59750762.697656141.1742630342-581643549.1742222698

09

# 물, 해양, 산림 및 탄소 흡수를 위한 AI

기후변화는 물, 해양, 산림 생태계에 광범위한 영향을 미치며, 이를 완화하고 적응하기 위한 다양한 기술이 개발되고 있다. 본 장에서는 물 순환 변화, 해양 산성화 및 산림 파괴와 같은 문제를 해결하기 위한 탄소 흡수 기술과 수자원 · 해양 생태계 · 산림 보호 기술을 다루며, AI 기술이 이를 어떻게 지원하고 혁신하는지를 실제 사례를 통해 살펴본다.

AI와 화장품?

## 물, 해양, 산림 분야의 기후변화 대응 기술과 탄소 흡수 기술

2024년 세계경제포럼은 향후 10년간 가장 위험한 요소로 극한 기상 현상, 지구 시스템의 심각한 변화, 생물다양성 손실과 생태계 붕괴, 자연 자원 고갈 등을 제시했다. 특히, 기후변화는 식량, 수자원, 생태, 보건, 생활환경뿐만 아니라 국가 안보와 경제 전반에도 막대한 영향을 미치는 것으로 나타났다(한국과학기술정보연구원, 2024).

물은 수증기, 물, 얼음의 형태로 육지, 해양, 대기 사이를 순환하며 이동한다. 비의 형태로 대기에서 지표면으로 이동하는 물은 약 80%가 해양으로, 20%가 육지로 내린다. 육지에 내린 물은 강과 지하수를 통해 해양으로 이동하고, 해양 등에서 증발한 물은 다시 비가 되어 지표면으로 돌아온다. 기후변화는 극한 기상의 빈도와 강도를 증가시키며 강우 및 가뭄 패턴을 변화시키고, 이에 따라 물 순환에도 영향을 미치고 있다(조민수, 2021). 기후변화는 전 세계 물 순환 문제를 더욱 심화하고, 가뭄과 홍수의 빈도 및 강도를 증폭할 것으로 전망된다. 특히 북극 지역, 군소도서개발도상국(SIDS), 최빈개도국(LDCs)에서는 이러한 영향을 더욱 심각하게 체감할 것으로 보인다(UN Water, 2024).

물은 식량 안보, 보건, 에너지 생산, 산업 개발, 경제 성장 등의 인간 사회 활동과 자연 생태계 유지에 꼭 필요한 자원이다(한국과학기술정보연구원, 2024). 2021년 기준으로 전 세계 수자원 취수 사용은 농업용수의 담수가 약 72%를 차지했고, 산업용수가 약 15%, 생활용수가 약 13%를 차지했으며, 저소득 국가는 물의 90% 이상을 농업 관개용수로 사용하고 있다(UN Water, 2025). 2023년 기준으로 전 세계 물 사용량은 지난 40년 동안 연간 약 1%씩 증가하였으며, 이러한 물 소비 패턴은 2050년까지 비슷한 수준으로 증가할 것으로 전망된다. 이와 함께 특정 국가와 지역의 물 부족 현상은 점차 고질적이고 풍토화되고 있는데, 기후변화에 따라 물이 부족한 지역의 부족량은 점차 심각해질 것으로 예측되며, 평균적으로 전 세계 인구의 약 10%가 물 스트레스가 높거나 심각한 국가에 살고 있는 것으로 나타났다. 파리협정에 따르면 80% 이상의 국가에서 담수 자원을 기후변화에 적응하기 위한 우선순위 분야로 보고했다(UN Water, 2023).

지구 시스템에서 온실가스 농도 증가로 인하여 축적된 초과 에너지의 약 90%는 바다가 가져간다. 이로 인해 바다는 점점 따뜻해지고 있으며, 해수면 열팽창으로 해수면 상승이 발생하고 있다. 2023년 기준, 해양의 열 함량과 해수면 온도는 관측 이래 최고 수준에 도달했으며, 향후 100년에서 1000년 동안 되돌릴 수 없는 변화가 지속될 것으로 전망된다(WMO, 2023a).

또 1960년부터 2021년까지 해양은 전 세계 연간 이산화탄소 배출량의 약 25%를 흡수하여 지구온난화를 완화하는 데 기여했다. 그러나 이산화탄소 흡수로 인해 해수의 수소 이온 농도 지수(pH)가 감소하면서 해양 산성화가 진행되고 있으며, 이는 해양 생태계에 부정적 영향을 미친다. 해양의 온도와 산성도 증가로 인해 앞으로는 해양이 이산화탄소를 흡수하는 능력도 감소할 수 있어, 추가적인 온실가스 감축 노력이 필요할 것으로 보인다(WMO, 2023b).

한편, 지구의 산림은 1990년부터 2019년까지 화석연료 배출량의 거의 절반에 해당하는 이산화탄소를 흡수했다(Pan et al., 2024). 산림은 2020년 기준으로 지구 육지 표면의 약 31%인 40억 6000만 헥타르를 차지하고 있으나, 면적은 점차 감소하고 있다. 1990년부터 2020년까지 약 4억 2000만 헥타르의 숲이 사라졌고, 2015년부터 2020년 사이에도 매년 약 1000만 헥타르의 숲이 소실되었다(FAO, 2022).

숲은 양서류 종의 약 80%, 조류 종의 약 75%, 포유류 종의 약 68%, 모든 관다발식물 종의 약 60%의 서식지를 제공한다. 또 2020년 기준으로 전 세계 국내총생산의 절반 이상이 산림 및 산림 생태계가 제공하는 서비스에 의존하는 것으로 추산되었다. 따라서 숲 면적의 감소는 온실가스 흡수량의 감소뿐 아니라, 지구상의 생태계 서식지의 감소를 의미하며, 관련된 일자리와 소득도 감소하는 것을 의미한다(FAO, 2022).

기후변화 대응을 위한 물과 해양·수산 분야 기술은 크게 수계·수생태계 관리, 수자원 확보 및 공급, 수처리, 해양 생태계 복원, 수산자원 관련 기술로 구분된다. 수계·수생태계 관리 기술은 서식지 및 수변 환경 평가, 특정 생물종이나 군집 변화 예측을 통한 수생태계 평가 등을 포함한다. 수자원 확보 및 공급 기술은 해수 담수화, 하수처리수 및 빗물 재이용, 지하댐 건설, 인공강우 등을 통해 안정적인 담수 공급과 수급 불균형 해소를 목표로 한다. 수처리 기술은 상하수도 최적화, 유해 화학물질 제거, 녹조 제어 등을 통해 오염된 물을 정화한다. 해양 생태계 복원 기술은 잘피와 해조류 생육지 복원 등을 포함하며, 수산자원 관련 기술은 수산 동식물 생태 조사, 자원 평가 및 예측, 어획 관리, 자원 회복 등을 다룬다

(녹색기술센터, 2019).

산림 분야에서의 기후변화 대응 기술은 산림 생산 증진, 산림 피해 저감 기술 등이 있다. 산림 생산 증진 기술은 광합성을 통해 대기 중의 이산화탄소를 흡수하는 산림의 기능을 증진하는 기술이며, 우량 품종을 이용한 갱신 조림, 택벌 경영을 통한 복층림 조성, 신규 탄소 흡수원 확충, 목재 제품 이용 확대 등이 포함된다. 산림 피해 저감은 산불, 산사태, 병해충, 수목 고사, 산림 쇠퇴 등의 피해를 모니터링하고 피해를 줄이기 위한 기술이며, 산불과 산사태 예측 · 예방 · 저감 기술, 병해충 발생 감시 · 예측 · 제어 기술, 산림 쇠퇴 모니터링 및 회복력 증진 기술 등이 포함된다(녹색기술센터, 2019).

온실가스를 줄이는 기술적 방법은 이미 배출된 온실가스를 회수하는 방식과, 배출되기 전 온실가스를 줄이거나 회수하는 방식으로 나뉜다. 이미 배출된 온실가스를 회수하는 기술로는 이산화탄소 직접 포집(DAC)과 식물을 이용한 방법이 있으며, 이산화탄소 직접 포집은 포집제에 따라 습식, 건식, 분리막 방식으로 구분된다. 배출 전 온실가스를 줄이는 기술은 이산화탄소 포집 · 전환 · 저장(CCUS) 기술과 비이산화탄소(Non-$CO_2$) 저감 기술이 있다. CCUS는 연소 후 포집, 연소 전 포집, 순산소 연소 기술로 나뉘며, 전환 기술로는 이산화탄소를 활용한 연료, 플라스틱 원료, 신소재, 화학 원료 생산이 포함된다. 저장 기술은 지하 저장소 선정과 주입, 모니터링 및 플랜트 운영 관리로 구성된다. 비이산화탄소 저감 기술은 메탄 분리 정제와 아산화질소 배출 저감 등이 있다(송예원 외, 2024; 녹색기술센터, 2019).

## AI 기술의 물, 해양, 산림 및 탄소 흡수 기술 적용 사례

AI 기술은 수자원 모니터링, 물 수요 예측, 물 사용 효율성 향상 등에 활용될 수 있으며, 특히 최빈개도국과 군소도서개발도상국 국가에서는 기후변화에 따른 물 부족 혹은 수자원 관리 문제 해결을 위하여 더 중요하게 사용될 수 있다. AI 기반 시스템은 가뭄을 예측하고, 농업 관개 시스템을 자동화하며, 저수지의 최적 수위를 유지하는 등 분야별로 필요한 물 공급의 안정성을 확보하는 데 기여할 수 있다. 또 AI 기술은 해양 생태계, 해안 침식, 해양 서식지 변화 등을 모니터링하는 데 활용될 수 있으며, 산림 분야에서는 AI 기술과 위성 데이터를 결합해 지구 관측 및 원격 감지 기술을 통해 삼림 벌채, 토지 이용 변화, 도시 확장, 산업 활동 등 온실가스 배출에 영향을 미치는 요소를 실시간으로 모니터링할 수 있다. 아울러, AI 기술은 위성 이미지, 원격 센서, 지상 관측을 통해 수집된 데이터를 기반으로 온실가스 배출 모니터링에도 활용될 수 있으며, 탄소 저장량 측정 등을 지원하여 글로벌 탄소 거래를 위한 모니터링, 보고 및 검증 과정에 기여할 수 있다(UNFCCC, 2024).

물, 해양, 산림 분야의 기후변화 대응을 위한 활동과 탄소 흡수 기술에 AI를 적용한 주요 사례는 우리나라의 환경부와 한국수자원공사 사례, 쉐코(Sheco) 사례, 그리고 국외의 세인트키츠 앤드 네비스 국가 사례, 군서도서 개발도상국 국가 사례, 브라질의 웅그라우에메이우, 아마존 지역 사례, 콜롬비아 국가 사례, 한국전력공사 사례, 미국의 석유 · 가스 기후 이니셔티브(OGCI) 사례, 비영리 연합체인 클라이밋 트레이스(Climate TRACE) 사례, 국제원자력기구 활동 사례, 국제해사기구(IMO) 활동 사례, 유엔개발계획 활동 사례, 글로벌녹색성장연구소(GGGI) 활동 사례 등의 내용을 통해 확인할 수 있다.

환경부와 한국수자원공사는 실시간으로 정확한 의사결정을 하기 위하여 광역 수도 시설 운영에 AI 기술을 반영하고 있다. 이를 통해 환경부와 한국수자원공사는 2024년 말까지 전국에 43개 광역정수장에 AI 기술을 적용하는 사업을 추진하고 있으며, 인간의 개입을 최소화하는 정수 공정의 자율 운영, 물 생산 에너지 감축을 위한 지능형 에너지 관리 시스템(EMS), 관련 설비의 이상 징후를 실시간으로 감시 · 진단하고 예측 정비하는 설비 예지보전(PMS), CCTV와 AI를 연결하여 사고와 이상을 인지하는 지능형 영상 감시 등의 분야에 AI 기술을 적용하고 있다. 이러한 한국수자원공사의 AI 정수장은 운영자의 조작 빈도가 42% 감소하였고, 24시간 안정적인 자율 운영이 가능하게 되었으며, 약품비 4% 절감, 전력비 5% 절감, 연간 운영비 17억 원 절감의 효과를 가져왔다(김성훈, 2024; K-water, 2025a). 이와 함께 수자원공사는 수돗물 공급 전 과정에 사물인터넷 및 AI 기술을 적용하여 사고 발생 시 선제적이고 능동적인 대처가 가능한 '스마트 관망관리 솔루션(SWNM)'을 구축했다. 수자원공사는 스마트 관망관리 솔루션을 기반으로 전국 161개 지자체를 대상으로 상수도 현대화 사업을 진행하고 있으며, 이러한 경험을 바탕으로 인도네시아, 필리핀 등의 국가에서도 스마트 관망관리 솔루션 사업을 추진하고 있다(김성훈, 2024; K-water, 2025b).

소셜벤처 스타트업 기업인 쉐코는 해양오염 문제를 해결하기 위한 수질 정화 로봇 '쉐코 아크(Sheco Ark)'를 개발했다. 쉐코는 오염을 인식할 수 있는 다중 초점 기반 이미지 분석 등의 AI 기술을 바탕으로 기름 유출을 포함한 해 · 수역 오염을 인식하여, 해당 지역의 감시 캠과 수질 정화 로봇으로 오염 문제를 해결할 수 있는 기술을 개발했다. 쉐코 아크는 기름 외에도 선저폐수, 선박 도료, 화물 분진 등을 회수하고 분리할 수 있다. 쉐코는 또 SK 이노베이션과 협업하여 폐배터리를 재활용하여 로봇을 개발하기도 하였으며, 로봇, 자율주행, 데이터 서버, 대시보드 등이 집약된 '스마트 물 비즈니스(Smart Water Business)' 시스템을 구현하여 필요한 지역에 수자원을 관리할 수 있는 서비스를 제공하고 있다(임지훈, 2024; Sheco, 2025).

카리브해 지역의 섬나라 세인트키츠네비스는 기온 상승과 연간 강우량 감소 등의 기후변화 현상에 대응하기 위하여 유엔기후변화협약 기술 메커니즘의 기후기술센터네트워크(CTCN)과 협력하여 AI 기반의 가뭄 위험 예측 시스템을 구축했다. 세인트키츠네비스는 비가 유일한 국가의 수자원이며, 주요 산업인 관광과 농업 분야에서의 물 수요에 따른 지속 가능한 수자원 확보가 필요한 상황이다. 세인트키츠네비스의 가뭄 위험 예측 시스템은 다양한 데이터를 토대로 가뭄을 예측하고 물 생태계 분석을 지원하여, 기후변화 환경에 대응하기 위한 의사 결정을 지원한다(UNFCCC, 2024).

해양과 연안 생태계 보호 분야에도 AI 기술이 활용되고 있는데, 경제적으로 해양 환경에 많이 의존하는 군서도서개발도상국 국가들은 AI 기술을 이미 해양 분야에 활용하고 있다. 일부 군서도서개발도상국가들은 위성 이미지 데이터와 AI 기반 원격 감지와 드론 등의 기술을 통해 불법 어업 활동을 추적하고, 해안 침식을 모니터링하며, 산호초와 어류 개체군 등 생태계와 서식지 변화를 평가하고 있다(UNFCCC, 2024).

브라질은 산림 벌채, 화재, 생물 다양성 손실에 취약한 지역이며, 생태학적 중요성이 높은 산림 자원이 있는 국가다. 브라질 기업 움그라우에메이우(Umgrauemeio)은 '임브레이스 더 포레스트(Embrace the Forest)' 프로젝트를 통해 산불을 예방하기 위한 감지 및 대응 관리의 솔루션을 개발했다. 해당 솔루션은 24시간 화재 모니터링이 가능한 AI 기술을 통해 연기를 즉시 감지하며, 위성 탐지와 날씨 데이터 등을 통해서 화재가 확산될 수 있는 시뮬레이션을 제공하고, 실시간으로 수자원과 소방대 등의 자원 정보를 제공하는 특징이 있다. 또 해당 솔루션은 화재 지역의 위성 이미지를 분석하여 이산화탄소 배출량을 보고하며, 산림 벌채의 전후 기록 등을 제공한다(ITU, 2024a; Embrace the Forest, 2025).

유엔기후변화협약 기술 메커니즘의 기술집행위원회(TEC)와 유엔산업개발기구(UNIDO)에 따르면, 아마존 지역은 열대우림을 보존하기 위해 산림 벌채율을 예측하는 데 AI 기술을 적용하고 있다. 연구자들은 시공간 데이터를 통해 설계된 신경망 기술을 적용하였으며, 업데이트된 데이터를 기반으로 AI 모델을 지속적으로 재훈련하고 예측 결과를 비교하여 정확한 삼림 벌채 위험 지도를 생성했다. 이러한 삼림 벌채 위험 예측 기술은 마다가스카르와 멕시코를 포함한 다른 국가에서도 검증되어 신뢰성을 입증하였다(UNFCCC, 2024).

콜롬비아는 '과카마야 프로젝트(Project Guacamaya)'를 통해 아마존 열대우림의 삼림 벌채를 모니터링하고 생물 다양성을 보호하기 위하여 AI 기술을 활용하고 있다. 해당 프로젝트는 AI 기술을 토대로 위성 이미지, 동물의 움직임을 감지하는 카메라 트랩(Camera trap) 및 관련 데이터를 결합하여 삼림 벌채 패턴에 대한 정보를 제공한다. 이러한 기술은 삼림 보존, 재조림 및 탄소 포집을 위한 정확한 지도와 데이터를 만드는 데 도움을 줄 수 있다(UNFCCC, 2024).

한국전력공사는 발전소에서 배출되는 이산화탄소 포집·저장(CCS) 기술을 토대로 AI 기술을 적용하여 이산화탄소 포집 과정을 실시간으로 모니터링하고 최적의 운전 조건을 제공하여 운영 비용과 에너지를 줄이고 포집 효율을 높이는 연구를 진행하고 있다(염성찬 외, 2024).

미국의 석유·가스 기후 이니셔티브는 온실가스의 배출을 막을 수 있는 탄소 포집·활용·저장(CCUS) 기술 개발 등에 AI 기술을 적용하고 있다. 석유·가스 기후 이니셔티브는 12개 주요 석유 및 가스 회사가 참여하는 국제 산업 연합체로 파리협정 목표 달성을 지원하기 위한 이산화탄소 포집 및 저장, 메탄 배출 저감, 저탄소 연료 개발 등의 활동을 하고 있으며, 2030년까지 석유·가스 기후 이니셔티브 회원사의 메탄 배출량을 거의 0에 가깝게 만드는 목표를 가지고 있다. 석유·가스 기후 이니셔티브는 AI 기술과 위성, 드론, 센서 기술을 토대로 온실가스 배출량을 탐지하고 모니터링하여 정량화하고 있으며, 온실가스 배출원과 매칭하여 최적의 온실가스 저장 및 활용 시설의 위치와 방법을 도출하고 있다(염성찬 외, 2024: OGCI, 2025).

2020년 출범한 비영리 연합체인 클라이밋 트레이스

는 AI 기술을 활용하여 전 세계 온실가스 배출 인벤토리의 정확성과 투명성을 확인할 수 있도록 지원한다. 클라이밋 트레이스는 300개 이상의 위성과 1만 1000개 이상의 센서를 토대로 AI와 머신러닝 기술을 활용하여 90조 바이트(Byte)가 넘는 데이터를 분석하며, 이를 통해 석유 및 가스 생산, 선박, 항공, 산불, 쌀 생산 등 다양한 곳에서 나오는 온실가스 배출량을 독립적으로 모니터링하고 정량화한다. 2024년 11월 기준으로 클라이밋 트레이스는 6억 6000만 개 이상의 개별 시설 및 온실가스 데이터를 구축하였으며, 7만 2000개 이상의 주 혹은 지방 지역의 데이터를 포함하여 전 세계 도시의 90% 이상의 온실가스 데이터를 구축했다(UNFCCC, 2024; Climate Trace, 2025).

국제원자력기구는 원자력 발전소에서의 사고나 원자력 연료 주기 시설에서 허용된 수준 내에서 해양으로 배출되는 방사성 물질에 대해 모니터링하고 연구 데이터를 수집하기 위해 '해양 방사능 정보 시스템(MARIS)'을 운영하고 있다. 최근 해양 방사능 정보 시스템은 AI 및 머신러닝 응용을 포함한 기능으로 개선하기 위하여 재개발되고 있으며, 이를 통해 향후 국제원자력기구는 데이터를 개방하여 오픈 사이언스(Open Science)를 용이하게

할 예정이다. 이와 함께 국제원자력기구는 해양 방사능 정보 시스템을 데이터 기반 미래 시나리오 예측을 위한 해양 모델링 통합에 활용할 예정이며, 방사성 추적자 응용 및 재분석을 개선해 나갈 예정이다(ITU, 2024b).

국제해사기구는 2022년 해양환경보호위원회(MEPC) 결의안 366을 채택하면서 회원국 선박의 온실가스 배출을 감축하기 위한 항만과 해운 부문의 자발적 협력을 장려하고 권고하였으며, '저탄소 해운을 지원하기 위한 글로벌 산업 연합(Low Carbon GIA)'을 통해 선박과 항만 데이터를 활용한 적시 도착(JIT) 시스템을 촉진하고 있다. 국제해사기구는 이러한 해양 온실가스 감축을 위하여 항해 최적화, 기상 라우팅, 적시 도착 시스템에 AI 기술을 적용할 것으로 예상된다. 2023년 해양환경보호위원회 결의안 377을 채택하면서 국제해사기구의 온실가스 감축 전략 이행에 대해 선원 및 해양 전문가를 대상으로 저탄소 연료와 탈탄소화 기술을 안전하게 다루기 위한 훈련을 진행하며, 인적 훈련에는 AI 기술이 도입될 것으로 예상된다(ITU, 2024b).

유엔개발계획은 국가별 온실가스 감축과 파리협정 목표 달성에 대한 국가 결정 기여(NDC) 정보를 쉽게 찾을 수 있는 애플리케이션을 개발했다. 유엔개발계획의 앱은 사용자가 120개 국가 결정 기여를 검색하여 관심 정보를 찾아볼 수 있도록 AI 기술을 기반으로 개발되었으며, 영어, 프랑스어, 스페인어로 검색 쿼리를 지원하는 특징이 있다(ITU, 2024b).

글로벌녹색성장연구소는 국가들의 계획과 전략 내에서 온실가스를 감축하거나 기후변화에 적응하기 위한 조치의 내용 중 공동의 이익에 얼마나 기여하는지를 정량적으로 파악하기 위한 '녹색 성장 시뮬레이션(GGSim)' 도구를 개발했다. 기존의 녹색 성장 시뮬레이션은 지속가능발전목표 6의 '깨끗한 물과 위생 보장'에 해당하는 지표 중 '물 사용 효율성', '물 스트레스 수준', '처리된 폐수', 지속가능발전목표 7의 '모두를 위한 에너지 보장'에 해당하는 지표 중 '에너지 집약도', '최종 에너지 소비 중 재생에너지 비중', '1인당 재생에너지 설치 용량', 지속가능발전목표 12의 '지속 가능한 소비와 생산'에 해당하는 지표 중 '식품 손실 및 폐기물 지수', 지속가능발전목표 13의 '기후변화 대응'에 해당하는 지표 중 '이산화탄소 및 비이산화탄소 배출량', 지속가능발전목표 15의 '육상 생태계 보호'에 해당하는 지표 중 '총 토지 면적 대비 산림 면적 비율', '산림의 지상 바이오매스' 등의 지표 내용을 포괄하여 분석했다. 녹색 성장 시뮬레이션은 AI 기반의 네트워크 분석을 통해 국가 적응 계획(NAP), 국가 결정 기여, 저탄소 발전 전략 등의 국가 계획 및 전략을 통합적으로 분석하며, 헝가리의 파노니아 대학(University of Pannonia) 연구팀과 협업하여 물 사용 효율성과 물 스트레스 수준에 대한 네트워크 분석을 구현하고 검증하기 위한 기계학습을 시범적으로 적용했다. 이를 통해 글로벌녹색성장연구소는 녹색 성장 시뮬레이션을 기반으로 지속 가능 발전 목표의 모든 사항에 대해 공동 이익 평가를 추진할 계획이다(ITU, 2024a).

## 참고문헌

김성훈(2024). 정책제안 AI를 활용한 물관리 현황 및 바람직한 활용 방안. 《월간 공공정책》, 226, 58-61.

녹색기술센터(2019). 녹색기후기술백서.

송예원·오상진·오채운(2024). 이산화탄소 직접포집(DAC) 및 동시포집전환(RCC) 기술의 우리나라 기술수준 평가 연구: 델파이 방법을 활용한 전문가 설문을 중심으로. 《한국기후변화학회지》, 15(4), 489-511. 10.15531/KSCCR.2024.15.4.489

염성찬 외(2024). 탄소중립을 위한 인공지능, 그린 AI(Green AI)의 역할. 국가녹색기술연구소, 《Greenovation I&I》, 2024년, 제4호.

임지훈(2024). 기후테크 산업 동향 및 우수기업 사례를 통해 본 성공 전략. 한국무역협회 국제무역통상연구원.

조민수(2021). 기후변화(Climate change)에 따른 물 순환(Water cycle)의 변화 대응. 《e로운 물관리 이야기》, Vol. 12., 국가물관리위원회. https://www.water.go.kr/letter/12/sub2.html

한국과학기술정보연구원(2024). S&T Data. vol 6.

한국수자원공사(2025a). AI 정수장. K-water. https://www.kwater.or.kr/water/sub01/sub06/tech03Page.do?s_mid=2221

한국수자원공사(2025b). 스마트 관망관리 솔루션. K-water. https://www.kwater.or.kr/water/sub01/sub06/tech04Page.do?s_mid=2222

Climate Trace(2025). About the Coalition. Climate Trace. https://climatetrace.org/about

Embrace the Forest(2025). Embrace the Forest. https://embracetheforest.com/

FAO(2022). The State of the World's Forests 2022.

ITU(2024a). AI for Good Impact Report.

ITU(2024b). United Nations activities on artificial intelligence (AI).

Oil and Gas Climate Initiative(2025). Leading the industry. OGCI. https://www.ogci.com/progress-report/gaining-momentum/chapter-2-leading-the-industry

Pan, Y., et al.(2024). The enduring world forest carbon sink. *Nature*, 631(8010), 563 - 569. https://doi.org/10.1038/s41586-024-07602-x

Sheco(2025). Sheco. https://sheco.co/?param=index

UN Water(2023). UN World Water Development Report 2023: Partnerships and cooperation for water.

UN Water(2024). UN World Water Development Report 2024:

Water for Prosperity and Peace.
UN Water(2025). UN World Water Development Report 2025: Mountains and glaciers – Water towers.
UNFCCC(2024). Artificial Intelligence for Climate Action in Developing Countries: Opportunities, Challenges and Risks. Technology Executive Committee.
WMO(2023a). United in Science 2023: Sustainable development edition.
WMO(2023b). State of the Global Climate 2022.

## 10
## 기후변화 대응과 녹색 전환, 그리고 그린 AI

기후 위기는 인류가 직면한 중대한 글로벌 리스크로, 복잡한 변수와 이해관계로 인해 기존 기술만으로는 효과적인 대응이 어렵다. 이에 따라 AI 기술이 기후변화 대응의 감축 및 적응 분야에서 핵심 도구로 부상하고 있으며, 디지털 전환을 통한 저탄소화가 활발히 논의되고 있다. 그러나 AI 기술 자체의 에너지 소비와 탄소 배출 또한 증가하고 있어, 그린 AI 및 그린 데이터센터 등 지속 가능한 기술 활용 전략이 병행되어야 한다.

종교와 AI?

## 기후 위기와 AI의 공존

2023년 7월 유엔 사무총장 안토니우 구테흐스(Antonio Guterres)는 지속적으로 높은 온도를 갱신하는 지구 온도 상승의 현황을 보며, '지구온난화(Global warming)'의 시대는 끝났고, '끓는 지구(Global boiling)'의 시대가 시작됐다고 밝혔고(KBS뉴스, 2023), 2023년 9월 뉴욕 유엔 본부에서 개최된 '2023 유엔 기후 목표 정상회의'에서는 "인류가 지옥으로 가는 문을 열었다"라고 경고하였으며(UN News, 2023), 2024년 세계경제포럼에서는 "기후 붕괴가 시작됐다"라고 비판했다(연합뉴스, 2024).

세계경제포럼은 2024년 글로벌 위험 순위 중 단기적 위험과 장기적 위험에 모두 기후 위기로 인한 극한 기상을 선정했다. 또 해당 발표에서는 향후 10년 내에 예상되는 인류의 위험 중 기후변화와 관련된 내용이 상위권 다수를 차지했다. 이처럼 인류에게 심각한 위험이 될 수 있는 기후변화는 신속하게 대응해야 하는 글로벌 공통의 문제다. 이러한 기후변화 문제는 보통 발생에 영향을 주는 변수가 많고, 영향력의 범위가 넓으며, 이해관계자가 복잡하므로 일반적인 기술로는 해결하기 어려운 면이 있다. 다만, 최근에는 이러한 문제 해결에 AI 기술이 활용되고 있으며, 축적되는 데이터 수량이 많아지고 AI

알고리즘의 개발 수준이 높아지면서 기후 위기 대응을 위한 분야에서도 다양한 분야에서 가시적인 성과가 보이고 있다(이은경 외, 2024).

AI 기술은 기후변화 대응을 위한 다양한 분야에 활용되고 융합되면서 점차 핵심 기술로 주목을 받고 있으며, 세계경제포럼과 액센추어(Accenture)는 2050년까지 온실가스 배출이 가장 많은 에너지, 모빌리티, 원재료 등의 분야에서 디지털 기술이 온실가스 배출량을 최대 20%까지 줄일 수 있을 것이라고 예측했다(이은경 외, 2024; WEF, 2022). 또 최근 전 세계 국가들의 국가 결정 기여(NDC)에서 제시한 온실가스 감축과 기후변화 적응 계획에는 디지털 기술을 포함한 기술적 대응 방안이 포함되어 있다. 2022년을 기준으로 전 세계 국가들의 국가 결정 기여 계획 중 온실가스 감축을 위한 내용에는 전체의 84% 국가가 기술을 언급하고 있으며, 디지털 기술을 언급한 국가는 전체의 45%로 나타났다. 기후변화 환경에 적응하기 위한 내용에는 전체의 63% 국가가 기술을 언급하고 있으며, 디지털 기술을 언급한 국가는 전체의 53%로 나타났다. 디지털 기술을 언급한 경우는 주로 저소득 국가와 중간소득 국가의 비율이 많았고, 온실가스 감축에 대한 내용보다는 기후변화 적응에 대한 내용이

더 많았다(World Bank, 2023).

반면, 빅데이터를 기반으로 한 AI 기술과 소프트웨어 활용이 점차 많아지면서 데이터센터의 에너지 소비가 늘어나고 있으며, 이에 따른 전력 수요와 냉각에 필요한 에너지도 점차 증가하고 있다(이은경 외, 2024). 데이터센터는 서버, 네트워크, 스토리지 등의 장비를 24시간, 365일 중단 없이 운영하여 지속적으로 전력을 소비한다. 국제에너지기구에 따르면, 2020년 기준 전 세계 데이터센터의 전력 소비량은 세계 16위의 전력 소비국인 남아프리카공화국과 비슷하거나 조금 높은 수준으로 나타났다(김광민, 2022).

이러한 배경 속에서 세계 주요국들은 디지털 산업 분야의 탄소 중립 촉진과 전력 절감을 위한 다양한 정책을 추진하고 있다. 유럽연합은 스마트 및 디지털 에너지 인프라 구축, 에너지 시스템 디지털화 실행 계획 수립, 관련 투자 촉진을 위한 정책을 추진하고 있으며, 데이터센터의 폐열 재사용, 환경 라벨링 제도 도입, 정보통신기술 네트워크의 지속 가능한 행동강령 마련 등의 추가 조치도 시행하고 있다. 미국은 에너지부를 중심으로 사물인터넷(IoT) 기반 에너지 인프라 통합 거래망 구축을 목표로 연구 프로그램을 추진하고 있으며, 제조 부문의 에너지 효율성과 생산성 향상을 위한 프로젝트, 에너지 효율성 관련 인력 양성 프로그램 등을 함께 진행하고 있다. 중국은 제14차 5개년 발전계획에 따라 공업정보화부를 중심으로 석탄, 철강, 시멘트 산업의 디지털 전환을 촉진하는 정책을 추진하고 있으며, 지능형 에너지관리시스템(EMS)을 기반으로 데이터센터와 정보통신기술 네트워크의 전력 소비 최적화를 목표로 한 정책도 병행하고 있다. 우리나라도 '디지털 전환을 통한 탄소 중립 촉진 방안'을 수립하여 산업 부문별 탄소 배출량 감축 기술 개발, 그린 디지털 전환 확산, 저전력 · 고성능 데이터센터 기술 개발 및 적용, 저전력 네트워크 핵심 기술 개발, 탄소 중립 데이터 활용 기반 마련, 탄소 중립 의사 결정 지원 체계 구축 등을 추진하고 있다(관계부처 합동, 2023; 정보통신산업진흥원, 2023).

## 그린 디지털 전환과 데이터센터

세계은행은 디지털 기술을 활용하여 기후변화에 대응하기 위한 '그린디지털 넥서스(Green-Digital Nexus)' 개념을 제시하고, 이를 통해 디지털 기술 기반의 온실가스 감축 및 기후변화 적응 방안을 마련했다. 세계은행은 디지털 분야 자체를 친환경화하는 '디지털 분야의 그린화

(Greening the digital sector)' 방법으로 '에너지 효율 측정 및 재생에너지 사용'과 '디지털 인프라 및 서비스의 기후변화 영향 검증'을 제시하고 있다. 또 디지털 기술이 기후변화 대응에 시너지를 증대할 수 있도록 '디지털 기술을 통한 그린화(Greening with digital technologies)' 방법으로 '디지털 기술을 활용한 에너지, 수송, 도시 등 타 분야의 탈탄소화 촉진'과 '디지털 기술을 활용한 경제, 인구, 각 부문의 회복력 강화'를 제시했다(이은경 외, 2024; World Bank, 2023).

한편, 디지털 기술의 친환경화와 데이터센터 에너지 효율화에 대한 수요가 증가함에 따라 데이터센터를 개선하는 '그린 데이터센터(Green Data Center)'라는 용어가 사용되기 시작했다. 전기통신연합에 따르면, 그린 데이터센터는 '기계, 조명, 전기 및 컴퓨터 시스템이 최대 에너지 효율성과 최소 환경 영향을 목표로 설계된, 데이터 저장 · 관리 · 배포를 위한 시설'로 정의할 수 있다. 이는 건축 자재 선택, 물 및 에너지 소비 절감, 폐기물 관리 등을 종합적으로 고려한 개념이라 할 수 있다(McDonald & Ballan, 2023). 데이터센터의 에너지 효율성은 전력 사용 효율성 등을 통해 측정할 수 있으며, 지속 가능성 평가는 탄소사용효율(CUE) 등을 통해 확인할 수 있다. 전력 사용 효율성은 데이터센터 전체 에너지 소비량을 IT 장비에 사용된 에너지량으로 나눈 값이고, 탄소사용효율은 데이터센터 운영에 따른 이산화탄소 배출량을 IT 장비에 사용된 에너지량으로 나눈 값이다(김광민, 2022; IBM, 2024).

그린 데이터센터 구현을 위해 고려해야 할 주요 요소는 건물, IT 장비, 에너지, 냉각, 폐기물 등이다. 세부적으로는 건물 최적화, 고효율 냉각, 폐열 재활용, 열미로 설계, 서버 가상화, 리소스 최적화, 재생에너지 활용, 장비 재활용, 인프라 관리로 구분할 수 있다. 건물은 공간 최소화와 에너지 절감형 디자인, 냉각은 액체 냉각 등 고급 기술을 통한 에너지 부하 감소가 중요하다. 폐열과 열미로 관리는 에너지 재활용과 냉각 효율 향상에 기여한다. 서버 가상화와 리소스 최적화는 장비 수를 줄여 에너지 효율을 높인다. 또 재생에너지 사용과 장비 재활용은 환경 영향을 줄이는 데 효과적이며, 인프라 관리 시스템을 통해 전력과 냉각 장비를 통합적으로 운영하여 에너지 최적화를 달성할 수 있다(McDonald & Ballan, 2023; IBM, 2024).

국제적으로 그린 데이터센터와 관련된 다양한 인증 제도, 표준, 기준이 존재한다. 주요 인증 제도로는 데이터센터의 에너지 효율성과 성능을 평가하는 '에너지 효율 인증 데이터센터 어워드(CEEDA)', 제품 수명주기 전반의 환경 및 사회적 요소를 고려한 'TCO 인증 서버(TCO Certified Servers)', 친환경 컴퓨팅 시설을 인증하는 '공인 친환경 컴퓨팅 시설(CGCF)', 데이터센터의 친환경성과 성능을 평가하는 업타임 연구소(Uptime Institute)의 '티어 인증(Tier Certification)', 미국의 친환경 건축물 인증인 '리드(LEED)', 에너지 효율 인증인 '에너지스타(Energy Star)', 세계은행이 운영하는 친환경 건축 인증 '에지(EDGE)', 영국의 친환경 건축물 인증 '건축환경평가방식(BREEAM)', 싱가포르의 친환경 데이터센터 인증 '데이터센터용 그린 마크 인증(Green Mark for Data Centres)' 등이 있다. 한편, 우리나라에서는 한국데이터센터연합회(KDCC)가 데이터센터의 에너지 효율성을 평가하는 '그린데이터센터(Green Data Center) 인증'을 운영하고 있다(IBM, 2024; IMDA, 2025; McDonald & Ballan, 2023; 한국데이터센터연합회, 2025).

또한, 그린데이터센터와 관련된 국제적 표준과 기준은 국제표준화기구(ISO)의 환경 관리 표준인 'ISO 14001', 에너지 관리 표준인 'ISO 50001', 에너지 효율성 및 기타 기준에 따른 데이터센터 분류인 'ISO/IEC 22237-1:2021', 온실가스 배출 관련 '온실가스 프로토콜 기업 회계 및 보고 표준(Greenhouse Gas Protocol Corporate Accounting and Reporting Standard)', 친환경 ICT 관련 'ITU-T L. 시리즈 권고안(ITU-T L. Series Recommendations)', 지속가능성 표준인 '글로벌 보고 이니셔티브 표준(Global Reporting Initiative Standards)', 장비와 화재 및 공간 계획 지침인 '텔코디아 GR-3160(Telcordia GR-3160)', 온실가스 감축 목표 설정을 위한 '과학 기반 감축 목표 이니셔티브(SBTi)', 데이터센터의 에너지 효율성 등에 대한 그린 그리드(Green Grid)의 '데이터센터 성숙도 모델(DCMM)', 데이터센터 설계 종합 가이드인 '미국국가표준협회/건축산업컨설팅서비스국제협회 002-2019 데이터센터 가용성 등급 방법론(American National Standards Institute/Building Industry Consulting Service International 002-2019 Data Center Availability Class Methodology)', 유럽의 표준 및 지침인 '데이터센터 에너지 효율 행동강령(Code of Conduct for Energy Efficiency in Data Centres)', 'CSN EN 50600', 'ETSI EN 303 470' 등이 있다(McDonald & Ballan, 2023).

이러한 그린 디지털 전환을 시도한 데이터센터 사례는 국내외에서 다양하게 찾아볼 수 있으며, 네이버, 구글, 그린소프트웨어재단(GSF), 메타, 마이크로소프트, 아마존, 페이스북 등의 사례를 통해 확인할 수 있다.

국내 기업인 네이버의 데이터센터 '각(GAK)'은 기후 환경에 따라 직접 외기와 간접 외기를 선택적으로 사용할 수 있는 하이브리드 공조 시스템과 서버 냉각 후 생성되는 폐열 공기를 활용하여 물 가열과 바닥 난방으로 사용하며, 우천 시 지붕에 모인 빗물을 재활용하여 물 사용량을 절감하고, 태양광 발전과 지열 등을 활용하여 에너지 사용을 줄이고 있다(염성찬 외, 2024; 데이터센터 각, 2025).

구글은 2030년까지 운영하는 데이터센터의 에너지 효율을 증진하고 재생에너지를 활용하여 온실가스 배출이 없는 무탄소 에너지를 운영하는 것을 계획했다. 구글의 2020년 데이터센터 연간 전력 사용량은 미국 샌프란시스코 총 소비 전력의 2배 규모다. 구글은 이러한 데이터센터의 전력 사용량을 낮추기 위하여 효율성을 개선하고 있으며, 글로벌 전체 데이터센터 평균보다 약 30% 우수한 전력 사용 효율성(PUE) 성과를 내고 있다. PUE는 1에 가까울수록 우수한 전력 사용 효율을 의미하고, 구글의 데이터센터는 2021년 2분기 기준으로 PUE 1.1이었으며, 전 세계 데이터센터 평균은 1.57 수준으로 나타났다. 이러한 PUE를 위하여 구글은 탄소발자국 도구를 사용해 구글 클라우드 사용량의 탄소 배출을 확인하고 있으며, 가장 효율적인 클라우드 환경 서비스를 제공하며, 미사용 클라우드 리소스를 최소화하고, 탄소 배출이 비교적 적은 클라우드 리전(Cloud Region)의 적절한 활용 등을 추진하고 있다(이은경 외, 2024).

2021년 마이크로소프트, 액센추어, 깃허브 등의 기업을 통해 설립된 그린소프트웨어재단은 친환경 소프트웨어 생태계 구축을 목표로 하는 비영리 재단이다. 그린소프트웨어재단은 소프트웨어의 탄소 배출 강도를 측정하는 'SCI(SW Carbon Intensity)' 서비스를 제공하고 있다. SCI는 소프트웨어 사용에 따른 전력 소비, 해당 지역의 한계 탄소 강도, 관련 하드웨어의 제조와 폐기 과정에 배출되는 탄소량 등의 계산을 지원하며, SCI를 자동으로 계산하는 도구 '그린 메트릭스 툴(Green Metrics Tool)'은 오픈소스로 공개되어 있다. 또한, 그린소프트웨어재단은 단위 기능을 구현하는 소프트웨어 소스코드의 SCI 결과가 가장 작도록 효율적인 코드로 개발 및 검증해 주는 '그린 소프트웨어 패턴즈(Green Software Patterns)'를 제공하고 있으며, 워크로드(Workload)가 큰 소프트웨어 작업을 친환경 에너지 활용 시간대로 옮겨서 작업량을 조절해 주는 오픈소스 도구 '카본 어웨어 SDK(Carbon Aware SDK)'를 제공하고 있다(이은경 외, 2024).

미국의 IT 기업 메타(Meta Platforms)의 스웨덴 룰레아 데이터센터는 북극에서 100km 거리에 위치하여 발열 장비를 관리하고 있으며, 마이크로소프트는 '나틱 프로젝트(Project Natick)'를 추진하여 해저에 데이터센터를 운영하는 시도를 하기도 했다(김광민, 2022). 아마존은 데이터센터에서 발생하는 폐열을 지역의 가정과 건물 난방에 재활용하는 프로젝트를 진행했으며, 아일랜드 더블린 지역의 에너지 기관인 코데마(Codema)와 협력하여 데이터센터 인근 가정과 건물에 난방을 공급하였으며(한국지능정보사회진흥원, 2024), 페이스북(Facebook)의 데이터센터는 폐열을 주변 도시의 지역난방 시스템 회사와 함께 난방에 활용하고 있다. 스웨덴의 에코데이터센터(EcoDataCenter)는 폐열을 통해 인근 기업과 협력하여 목재 펠릿 생산에 필요한 열을 제공하였다(염성찬 외, 2024).

## 그린 AI 그리고 기후변화 대응

AI 기술은 여러 분야에서 에너지 효율을 높이고 전력 소모를 줄이며 탄소 배출을 줄일 수 있는 도구가 될 수 있다.

하지만 AI 기술의 발전은 생성형 AI, 사물인터넷 기술 등의 사용량을 크게 증가시키는 결과를 가져왔으며, 이와 함께 데이터와 네트워크 인프라 사용량을 급속하게 증가시켰다. 이를 통해 AI 기술의 발전은 오히려 전체 디지털 사용 총량을 증가시키는 리바운드 효과(Rebound effect)를 일으키는 원인이 될 수 있으며, 이는 에너지 효율화 등을 통한 탄소 배출 절감의 속도보다 더 빠르게 배출량을 증가시키는 결과로 이어지게 된다(World Bank, 2023; 한국지능정보사회진흥원, 2023). 따라서 점차 사용량이 많아지는 AI 기술을 어떻게 더 효율적으로 전환할 것인지에 대한 고민이 필요하다.

최근에는 AI 기술을 더 효율적으로 사용하기 위한 다양한 측면에서의 연구와 논의 및 활동이 추진되고 있다. 2020년 연구자들을 중심으로 기후변화 대응을 고려한 '그린 AI(Green AI)'의 개념이 등장했다. 슈바르츠 등(Schwartz et al., 2020)은 그린 AI의 개념을 논문을 통해 제시하였으며, '레드 AI(Red AI)'의 개념과 함께 설명했다. 레드 AI는 막대한 계산 능력을 사용하여 정확도와 측정치에서 최첨단의 결과를 얻고자 하는 AI 연구를 의미하며, 정확도와 속도 및 성능을 중심으로 연구가 고려된다. 그린 AI는 계산에 필요한 비용과 자원을 증가시키지 않거나 감소시키면서 결과를 산출하는 AI 연구를 의미하며, 효율성과 환경적 비용 및 사회적 비용을 중심으로 연구가 고려된다. 해당 논문의 당시 AI 분야 최상위 학회인 '전산 언어학 협회(ACL)', '신경정보처리시스템', '컴퓨터 비전 및 패턴 인식 학회(CVPR)'의 대다수의 논문이 정확도를 연구 목표로 하고 있음을 확인하였고, 이러한 정교한 AI 모델일수록 더 많은 데이터를 활용하고 더 복잡한 연산을 수행하게 되어, 고비용 고예산의 컴퓨팅 비용을 통해 상당한 양의 전력 소모와 탄소 배출을 발생시키게 됨을 지적했다. 그린 AI는 효율적이고 계산 비용이 낮은 새로운 알고리즘과 모델을 개발하여 에너지 소비를 줄이는 방법이며, 모델의 크기와 복잡성을 줄이면서 성능을 유지하거나 향상하는 것이며, 이를 통해 탄소 배출을 최소화하게 된다(Schwartz et al., 2020; 염성찬 외, 2024).

또 볼론카네도 등(Bolon-Canedo et al., 2024)은 그린 AI를 통해 지속 가능한 AI 접근법을 검토하였으며, 기후변화 대응을 위하여 AI 기술의 사용을 'AI에 의한 그린(Green by AI)', 'AI 안의 그린(Green in AI)'의 두 가지 측면에서 바라보았다. 해당 논문은 'AI에 의한 그린'의 영역에는 에너지 생산 및 소비, 농업, 토지 이용, 생물 다양성 관리, 통신, 운송, 스마트 모빌리티 등의 다양한 분야에 적용하여 기후변화 예측과 대응을 위하여 활용할 수 있음을 언급한다. 또한, AI 안의 그린 영역에서는 알고리즘 최적화, 하드웨어 최적화, 데이터센터 최적화, 실용적인 스케일링 계수 절감을 언급한다. 알고리즘 최적화는 계산 리소스를 줄이는 방법이며, 관련 연구 분야로 희소 학습 기법, 양자화 기법, 에너지 인지 가지치기 기법, 저정밀 수치 연산 기법 등을 언급했다. 하드웨어 최적화는 계산적으로 효율적인 하드웨어 선택 방법이며, 관련하여 초당 부동 소수점 연산 수(FLOPS)를 고려한 그래픽 처리 장치 선택, 텐서 처리 장리(TPU) 활용, 병렬화, 에지 컴퓨팅 등을 언급했다. 이 외 데이터센터 최적화에 대해서는 사용의 최적화를 언급하였고, 실용적인 스케일링 계수 절감에 대해서는 에너지 소비를 줄이는 방법으로 실행 횟수를 제한하고, 하이퍼파라미터 튜닝에 소요되는 시간을 제한하는 것을 제시했다(Bolon-Canedo et al., 2024).

한편, 우리나라는 2023년 과학기술정보통신부를 중심으로 고성능 · 저전력 AI 반도체 개발을 목표로 'K-클라우드 프로젝트'를 추진하고 있다. 해당 프로젝트는 2023년~2025년 신경망처리장치(NPU), 2026년~2028

년 저전력 메모리 내 연산(PIM), 2029년~2030년 극저전력 메모리 내 연산 개발을 단계적으로 추진하는 계획이다. 국내 팹리스 스타트업 리벨리온, 사피온코리아, 퓨리오사AI는 참여 기업으로, 그래픽 처리 장치 대비 에너지 효율이 높은 AI 전용 신경망처리장치를 설계하여 에너지 소비 및 탄소 배출 저감 효과를 기대할 수 있는 제품을 발표했다(이은경 외, 2024; 과학기술정보통신부, 2023).

이처럼 최근에는 AI 기술을 더 효율적으로 사용하기 위해 다양한 측면에서 연구와 논의 및 활동이 추진되고 있다. 앞으로 AI 기술의 사용을 막을 수 없고, 점차 사용량이 많아지면서 온실가스 배출이 많아진다면, 이제는 어떻게 효율적으로 사용할 것인지에 대한 문제가 중요하기 때문일 것이다. AI 기술은 기후변화 대응을 위한 에너지 생산, 에너지 효율화, 기후변화 모니터링, 재난 관리, 농업과 산림 관리, 물과 해양 관리 등의 다양한 분야에도 모두 활용할 수 있는 유용한 기술이지만, 필연적으로 사용해야 하는 에너지 및 정보통신기술 자원에 따라 오히려 온실가스 배출 문제를 심화하기도 한다. 한편, 기후변화 문제는 AI 기술의 사용에도 영향을 미친다. 기후변화에 따른 홍수, 태풍, 산사태, 물 부족, 폭염 등의 극한 기상 발생은 디지털 인프라의 손상 위험을 증가시키며, 디지털 인프라의 장애 발생은 전력, 교통, 은행, 정부 등의 서비스를 중단시킬 수 있다(World Bank, 2023; McDonald & Ballan, 2023). 따라서 AI 기술과 기후변화 대응 문제는 서로 연계되어 있고, 관점에 따라 기술적 시너지 효과와 상호 의존도가 높기도 하고, 관점에 따라 서로 악영향을 주고받는 측면도 있다.

기후변화는 여전히 진행 중이며, 인류가 해결해야 할 가장 큰 숙제로 남아 있다. 이미 변화된 기후는 과거로 되돌리기 어려운 상황에 이르렀고, 이제는 변화하는 기후에 적응하며 더 이상의 심각한 변화를 막아야 하는 위기 국면에 접어들었다. 한편, AI 기술은 과거 산업혁명 당시의 사회적 변화처럼 오늘날 또 하나의 기술 혁명으로 자리매김하며 우리의 삶에 자연스럽게 스며들고 있다. 날로 가속화되는 AI 기술의 발전 속도와 확장되는 활용 범위를 고려할 때, AI는 이제 점차 대체 불가능한 인류의 핵심 기술로 자리 잡아 가고 있다. 앞으로 AI 기술을 기후 위기 해결에 효과적으로 활용하기 위해서는, AI 사용에 따른 온실가스 배출량뿐 아니라 AI에 의한 그린, AI 안의 그린, 그리고 그린 디지털 전환을 통해 기대되는 온실가스 감축 효과에 대한 정밀한 파악이 필요할 것이다. 아울러, 기후변화 대응에 AI 기술이 효과적으로 쓰일 수 있도록 정책적 지원과 산업계의 적극적인 참여, 그리고 그린 AI를 염두에 둔 연구자들의 노력이 필수적이다. 이러한 노력이 모여, 머지않은 미래에 우리는 AI 기술이 기후 위기 시대를 극복할 수 있었던 핵심적인 해결책 중 하나였다고 되돌아보게 되기를 기대한다.

## 참고문헌

과학기술정보통신부(2023). 인공지능 반도체 Team Korea,'K-클라우드 프로젝트' 1단계 본격 착수.

관계부처 합동(2023). 디지털 전환을 통한 탄소중립 촉진방안: DX/GX(디지털전환/녹색전환)기반 탄소중립전략.

김광민(2022). 탄소중립 시대 데이터센터의 열관리. KDB산업은행 미래전략연구소, Weekly KDB Report.

데이터센터 각(2025). Tech. 네이버. https://datacenter.navercorp.com/tech/technology

염성찬 외(2024). 탄소중립을 위한 인공지능, 그린 AI(Green AI)의 역할. 국가녹색기술연구소, 《Greenovation I&I》, 2024년, 제4호.

연합뉴스(2024.1.18). "기후붕괴 시작됐다"…다보스포럼서 미온적 기후대응 질타. https://www.yna.co.kr/view/MYH20240118013600032

이은경 외(2024). SW로 탄소중립을 지원하는 기후 기술·기업 사례 연구.

정보통신산업진흥원(2023). 글로벌 ICT 월간동향리포트.

한국데이터센터연합회(2025). 그린데이터센터 인증 소개.

https://kdcc.or.kr/green/pageview.do?url=green01&keyvalue=green

한국지능정보사회진흥원(2023). 탄소중립 목표 달성을 위한 그린-디지털 전환 추진방향. 《GDX Report》, 2023-02.

한국지능정보사회진흥원(2024). 디지털 분야의 탄소 배출과 대응 노력. Data Brief.

KBS뉴스(2023.7.28). 유엔 사무총장 "지구 온난화 끝나고 '끓는' 시대 도래". https://news.kbs.co.kr/news/pc/view/view.do?ncd=7734862

Bolon-Canedo, V., et al.(2024). A review of green artificial intelligence: Towards a more sustainable future. Neurocomputing, 599, 128096. https://doi.org/10.1016/j.neucom.2024.128096

IBM(2024). What is a green data center?, IBM. https://www.ibm.com/think/topics/green-data-center#Green+data+center+certifications+and+associations

Infocomm Media Development Authority(2025). BCA-IMDA Green Mark for Data Centres Scheme. https://www.imda.gov.sg/how-we-can-help/bca-imda-green-mark-for-data-centres-scheme

McDonald, R., & Ballan, S.(2023). Green data centers: Towards a sustainable digital transformation – A practitioner's guide. Washington, D.C.: World Bank Group. http://documents.worldbank.org/curated/en/099112923171023760

Schwartz, R., et al.(2020). Green AI. *Communications of the ACM*, 63(12), 54–63. https://doi.org/10.48550/arXiv.1907.10597

UN News(2023). 'Humanity has opened the gates to hell' warns Guterres as climate coalition demands action. https://news.un.org/en/story/2023/09/1141082

World Bank(2023). Green Digital Transformation: How to Sustainably Close the Digital Divide and Harness Digital Tools for Climate Action. Climate Change and Development Series.

World Economic Forum(2022). Digital Tech Can Reduce Emissions by up to 20% in High-Emitting Industries. https://www.weforum.org/press/2022/05/digital-tech-can-reduce-emissions-by-up-to-20-in-high-emitting-industries/

**이천환**

과학기술정보통신부 산하 정부출연연구소인 국가녹색기술연구소에서 근무 중이며, 현재 데이터정보센터의 선임연구원으로 재직하고 있다. 컴퓨터공학 학사 과정을 거쳐 중국 북경대학교 광화관리학원에서 MBA 과정을 이수하고 성균관대학교에서 경영학 석사학위를 취득했으며, 고려대학교에서 과학기술학 박사과정을 수학 중이다. 주요 연구 분야는 기후 위기 적응과 탄소 중립 관련 통계 데이터 분석, 텍스트 마이닝 및 빅데이터 분석 등이다. "자연어 처리 기반 국제기구와 한국 정부의 기후기술 협력 동향"(2024), "Cross-Societal Analysis of Climate Change Awareness and Its Relation to SDG 13"(2021), "기후변화와 녹색 정책의 이슈 비교 분석"(2021) 등의 논문을 발표했다. 2013년 국가녹색기술연구소에 입사한 이후 다양한 기후변화 대응 관련 연구 프로젝트를 수행해 왔으며, 유엔유럽경제위원회(UNECE) 기후변화 통계 전문가 포럼, 국가통계방법론심포지엄, 국내외 학술대회 등에서 연구 성과를 발표해 왔다. 또 국내 최초의 기후기술 정보·데이터 온라인 플랫폼 구축에 기여한 공로로 과학기술정보통신부 장관 표창을 수상한 바 있다.